Facturación electrónica. COMT035PO

Yolanda López Benítez

ic editorial

Facturación electrónica. COMT035PO
© Yolanda López Benítez

1ª Edición

© IC Editorial, 2024

Editado por: IC Editorial
c/ Cueva de Viera, 2, Local 3
Centro Negocios CADI
29200 Antequera (Málaga)
Teléfono: 952 70 60 04
Fax: 952 84 55 03
Correo electrónico: iceditorial@iceditorial.com
Internet: www.iceditorial.com

ISBN: 978-84-1184-517-5
Depósito Legal: MA 2985-2024

Impresión: PODiPrint
Impreso en Andalucía – España

Nota de la editorial: IC Editorial pertenece a Innovación y Cualificación S. L.

Especialidad formativa

Se entiende por especialidad formativa la agrupación de contenidos, competencias profesionales y especificaciones técnicas que responde a un conjunto de actividades de trabajo enmarcadas en una fase del proceso de producción y con funciones afines.

Las especialidades formativas de Uso General, Formación Complementaria, Formación Modular y las especialidades formativas dirigidas a la obtención de certificados de profesionalidad se incluyen en el Fichero de Especialidades del Servicio Público de Empleo Estatal para su gestión en todo el territorio nacional por cualquier Administración competente.

Las especialidades complementarias pertenecen todas a la Familia profesional de Formación Complementaria (FCO) y tienen la consideración de formación transversal en áreas que se consideran prioritarias tanto en el marco de la Estrategia Europea para el Empleo y del Sistema Nacional de Empleo como en las directrices establecidas por la Unión Europea. Se consideran áreas prioritarias las relativas a tecnologías de la información y la comunicación, la prevención de riesgos laborales, la sensibilización en medio ambiente, la promoción de la igualdad, la orientación profesional y aquellas otras que se establezcan por la Administración competente.

Las especialidades de Certificado de profesionalidad tienen una duración especificada en su normativa reguladora.

En el resultado de la búsqueda, se muestran las unidades de competencia, todos los módulos formativos con su duración y las unidades formativas del certificado correspondiente, con su duración. Las horas del certificado, exclusivo de las especialidades de certificado de profesionalidad, con alta igual o superior a 2008, son las horas totales más las horas del módulo de Prácticas Profesionales no Laborales.

⮞ **Si la especialidad tiene unidades formativas,** las horas totales, presencial, distancia, teleformación serán igual a la suma de esas horas de las unidades formativas de los distintos módulos, sin que se repita ninguna Unidad formativa.

⮩ **Si la especialidad no tiene unidades formativas,** las horas totales, presencial, distancia, teleformación serán igual a las sumas de esas horas de los módulos formativos, eliminando las horas de los módulos repetidos.

https://sede.sepe.gob.es/especialidadesformativas/RXBuscadorEFRED/BusquedaEspecialidades.do

(Fuente: Servicio Público de Empleo Estatal)

Índice

OBJETIVOS GENERALES

Los objetivos generales asociados al **COMT035PO. Facturación electrónica** son los siguientes:

- ⮑ Caracterizar y delimitar la normativa vinculada a procesos de facturación electrónica o e-factura, los formatos, así como las aplicaciones utilizadas para su ejecución.
- ⮑ Abordar los elementos clave para poder afrontar la implementación de la facturación electrónica en una empresa o actividad profesional.
- ⮑ Garantizar el aprendizaje de los procesos de la facturación electrónica y su utilización en la actividad económica, con el fin de que su operativa y su uso supongan un cambio relevante en la gestión económica del negocio, agilizando los trámites y facilitando las relaciones comerciales.

Introducción a la facturación electrónica

Contenido

Objetivos

El objetivo general de esta Unidad de Aprendizaje es:

→ Abordar los elementos clave para poder afrontar la implementación de la facturación electrónica en una empresa o actividad profesional.

Los objetivos específicos de esta Unidad de Aprendizaje son:

→ Describir la funcionalidad de la factura electrónica.

→ Identificar las obligaciones legales para el emisor y el receptor de la factura electrónica.

→ Reconocer el marco legal que regula la factura electrónica.

1. Introducción

Los **trámites *online*** van cobrando cada vez mayor protagonismo en las relaciones profesionales y empresariales y, por supuesto, también en el ámbito de la Administraciones públicas. Un ejemplo de ello es la **facturación electrónica,** que hace posible **agilizar** los **procesos** que van sucediendo en el actual ecosistema económico.

Además, los sistemas electrónicos de facturación telemática se apoyan en una normativa jurídica totalmente clara y transparente, creando una fórmula en la que no cabe interpretación y ofreciendo seguridad en las exigencias transaccionales.

Para el desarrollo del contenido nos basaremos en el caso de Montse, una joven emprendedora apasionada del *marketing* digital que no ha desaprovechado la oportunidad de poner en marcha una exitosa fórmula de negocio *online*.

2. Conceptos básicos de la factura electrónica

 HILO CONDUCTOR

Montse se dirige cada mañana al vivero de empresas donde se le ha asignado un espacio de trabajo para poder lanzar y consolidar su consultoría de servicios de *marketing* digital *online*. Hoy es un día muy especial, pues recientemente acaba de finalizar su primer gran presupuesto dirigido a una empresa de calzados. La aceptación del presupuesto por este único cliente supondría para Montse un volumen de negocio superior a 15.000 euros anuales. Ella tiene claro que si este proyecto sigue adelante, emitirá por primera vez la factura en un formato electrónico, por lo que deberá tener bien atada su implantación en el negocio para no cometer ningún error.

Para comenzar, y antes de que puedas profundizar en aquellos aspectos relativos a la implantación de la **facturación electrónica** en tu organización, es necesario que conozcas los conceptos básicos que te ayudarán a comprender qué necesitas para poder emplearlos en tu práctica diaria.

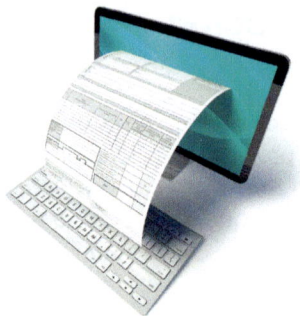

La **factura electrónica** es un documento similar a una factura en papel, solo que está expedida y es recibida mediante un formato electrónico.

DEFINICIÓN

Facturación electrónica
Es aquella factura que se caracteriza por:

- Respetar todos los requisitos del Reglamento de facturación.
- Estar expedida y ser recibida en formato electrónico.
- Contar con el consentimiento del destinatario para su utilización.
- Estar garantizada su autenticidad y origen mediante un medio válido.

NOTA

La factura electrónica también es conocida como e-factura.

Independientemente del formato en el que presentes una factura (formato físico o formato electrónico), esta te servirá como justificante de haber entregado productos o haber realizado alguna prestación de servicios a tus clientes. Entre las funciones de una factura está la de **poder asegurar a efectos legales que dichas prestaciones han sido realizadas, pero además agilizará sin duda alguna el proceso de cobro.**

Una factura electrónica debe, al igual que la de papel, **describir** cada uno de los **conceptos** relativos a la **operación,** sus **costes** y el desglose de **impuestos** aplicados.

Aunque todavía, para muchos profesionales y empresarios, una facturación electrónica supone un modelo disruptivo de gestión frente al procedimiento de emisión de la tradicional factura en papel, esto no significa que su origen y su funcionamiento sean recientes ni cercanos.

Ya en el año 2000, la Comisión Europea se pronunció sobre un nuevo marco jurídico relativo a la facturación en el que se tenían en cuenta la incorporación y el desarrollo de las tecnologías para poder transmitir en diversos soportes o formatos. Es la Directiva Europea 2001/115/CE la que define el concepto de facturación electrónica, tal y como se expresa en el siguiente texto:

La factura electrónica es una transmisión o puesta a disposición del destinatario y la conservación efectuadas por medio de equipos electrónicos de tratamiento y almacenamiento de datos, y utilizando el teléfono, la radio, los medios ópticos y otros medios electromagnéticos (Diario de las Comunidades Europeas, 2001).

 SABÍAS QUE...

A partir del año 2013, con la Ley 25/2013 de 27 de diciembre, se promovió el uso de la facturación electrónica, ya que pasó a ser obligatorio su uso en la Administración pública y se propuso entonces que a partir de enero de 2015 se trasladara esta obligación a la empresa privada.

Sin embargo, ha llovido mucho desde entonces. La tecnología ha avanzado muy rápidamente y hoy en día la facturación electrónica es la fórmula más apropiada, segura y veloz para cumplir con la legalidad vigente, siempre y cuando atiendas a todos y cada uno de los requisitos exigidos en la práctica de este proceso.

La implantación de cualquier sistema electrónico en la actividad profesional o empresarial tiene que estar integrado con técnicas de seguridad digital.

Para que la facturación electrónica sea un procesamiento telemático de datos seguro, debe cumplir con los **principios de protección de la seguridad de la información.** Prácticamente, estas atribuciones vienen ya aseguradas en los programas y las aplicaciones más utilizados, aunque no está nada mal saber en qué consisten.

A continuación, te mostramos algunos de estos principios y garantías de protección que ofrece la seguridad de la información:

Principios de protección de la seguridad de la información	
	Confidencialidad - La confidencialidad persigue evitar la circulación de información no autorizada, como puede ser el caso de los datos de una factura electrónica. Únicamente permitirá al receptor obtener esta información.
	Disponibilidad - La disponibilidad persigue que la accesibilidad a la información por parte de elementos autorizados sea fluida y sin obstáculos. Garantiza que será el receptor de la factura el que podrá disponer de ella.
	Integridad - La integridad persigue evitar que la información sea modificada, cambiada o perturbada sin autorización. Garantiza que una vez creada y emitida la factura, esta no pueda ser manipulada.

IMPORTANTE

La empresa, el negocio o el profesional que emita una factura electrónica a través de programas creados para tal fin deberá contar con una política de seguridad cuyo objetivo sea el de garantizar el uso y el tratamiento adecuados de la información y de los programas que utiliza para transmitirla. No olvides que una factura contiene información sensible, sujeta al tratamiento de carácter personal.

Conociendo ya los principios de protección de la seguridad de la información, puede que te preguntes qué mecanismo contempla el proceso de facturación electrónica para poder garantizar la **integridad del contenido** y la **autenticación en origen.**

Cualquier organización debe tener implementado un sistema de auditoría que conecte las facturas emitidas con la operativa realizada (venta de productos o prestación de servicios), independientemente de si la factura es en papel o electrónica.

DEFINICIÓN

Autenticación de origen

Es la maniobra informática de seguridad mediante la cual es posible asegurar en el envío telemático de información o documentos que la persona, ya sea física o jurídica, que firma el documento (factura electrónica) es quien dice ser.

No obstante, para el caso de las facturas electrónicas, la normativa admite fórmulas a través de las cuales es posible garantizar tanto la **autenticación** como la **integridad.** Aunque existen otros métodos que analizaremos en la siguiente unidad, fíjate bien ahora en estos otros que te permitirán facturar electrónicamente sin problemas:

- **A través de la firma electrónica.** Es posible enviar y validar una factura telemáticamente a través de una firma electrónica avanzada; sin embargo, debe cumplir con algunas exigencias o requisitos. Por su importancia y dado que es la fórmula más habitual para los que comienzan a facturar electrónicamente, profundizarás en este aspecto seguidamente.
- **A través del EDI.** EDI corresponde a las iniciales del llamado intercambio electrónico de datos. Este es un estándar internacional para el intercambio de datos que facilita las labores administrativas entre empresas.

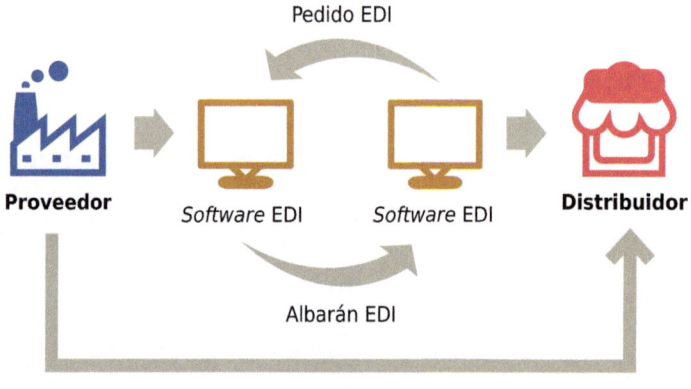

Ejemplo del proceso de validación de factura electrónica a través de EDI.

- **Otros medios.** La AEAT puede validar otros medios, si el usuario ha consultado su idoneidad antes de utilizarlos.
- **A través de programas informáticos.** Cuando las facturas se han expedido en sistemas informáticos que cumplen los requisitos del Reglamento incluido en el Real Decreto 1007/2023, de 5 de diciembre.

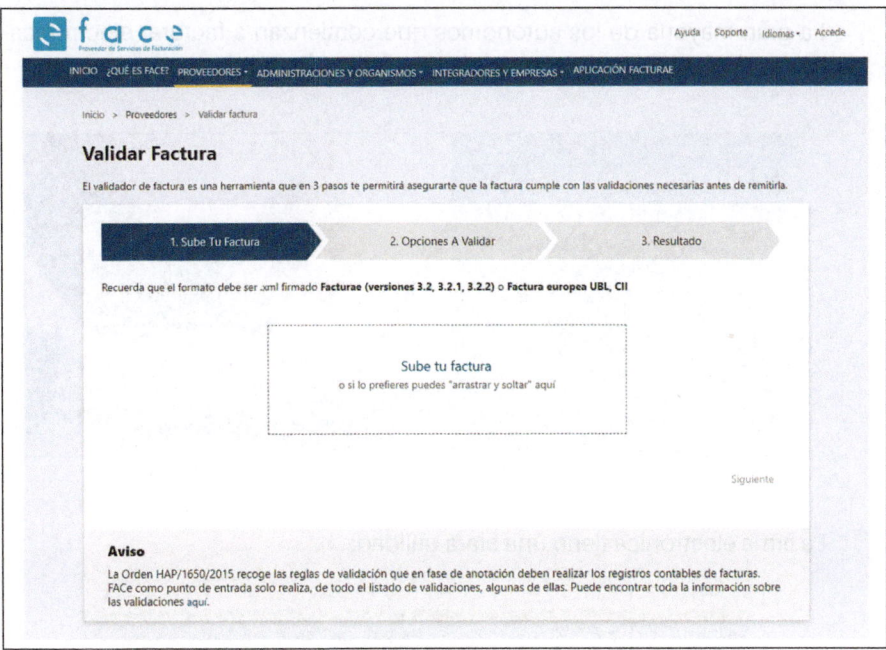

Servicio de validación de facturas mediante la aplicación FACe.

IMPORTANTE

Las estaciones EDI son soluciones de servicios de telecomunicación que cumplen las expectativas de los actuales requerimientos de comunicaciones telemáticas. Sus principales características son la velocidad de transmisión y la validez de formato de documentos.

NOTA

Existen los llamados sistemas centralizados ERP, cuyas iniciales traducidas del inglés responden a planificación de recursos empresariales. Un ERP es un sistema global de información compuesto por varios subsistemas a través del cual una empresa integra muchas de las operaciones que se gestionan en ella, entre las que se encuentra la de facturación electrónica, y que principalmente están relacionadas con inventarios, logística, etcétera.

La gran mayoría de los autónomos que comienzan a facturar electrónicamente deciden hacerlo a través de una **firma electrónica**.

Firma electrónica
- La firma electrónica es un procesamiento electrónico de datos que, ligado a un documento digital, da como resultado la firma electrónica de este. Cuenta con eficacia jurídica y presta servicios de verificación.

La firma electrónica tiene una clara utilidad:

Identificar al firmante
- Permitir la identificación del firmante, ya sea persona física o jurídica.

Garantizar la integridad del documento
- Dotar de protección y seguridad al documento firmado electrónicamente, permaneciendo este íntegro e inalterable, y no pudiendo ser manipulable posteriormente.

Garantizar el no repudio del documento
- Garantizar que, una vez firmado electrónicamente, el documento no pueda ser repudiado por el firmante, no posibilitando la opción de no reconocerlo posteriormente.

La legislación vigente admite esta fórmula para validar una factura electrónica, siempre y cuando la firma electrónica sea la llamada cualificada. Esto da a entender que existen varios **tipos de firmas:**

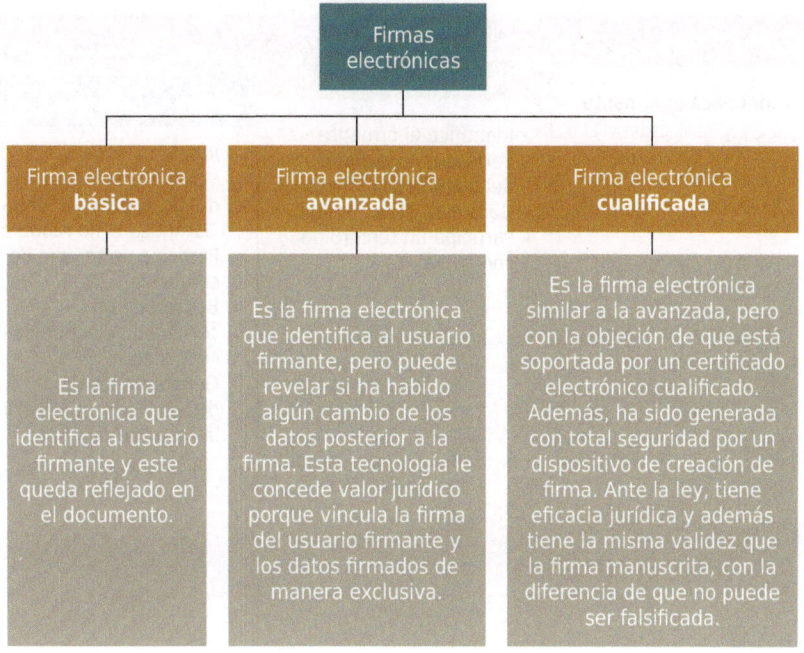

 **IMPORTANTE**

Aunque has visto que una de las fórmulas de autenticación de la factura es mediante la firma electrónica, es cierto que desde el año 2013 esta fórmula ya no es obligatoria, puesto que la normativa de facturación permitió, desde entonces, que la gestión informática y los procesos de facturación garantizaran de por sí esta cuestión. Sin embargo, es recomendable seguir haciéndolo.

1. Primer paso: crear y generar la factura y archivarla en un fichero.
2. Segundo paso (opcional): firmar la factura, una vez creada, con un certificado electrónico.

Cada una de estas firmas cumple con diferentes características que van sumándose hasta llegar a la **firma electrónica cualificada,** modalidad de firma que será la equivalente a lo que conoces como firma manuscrita y que será la que permitirá validar tu primera factura electrónica.

Firma básica		
- Identifica al firmante		
	Firma avanzada	
	- Identifica al firmante - Verifica la integridad del documento firmado - Garantiza el no repudio - Participa un tercero de confianza	
		Firma cualificada
		- Identifica al firmante - Verifica la integridad del documento firmado - Garantiza el no repudio - Participa un tercero de confianza - Basada en un certificado electrónico cualificado - Generada con un dispositivo seguro para la creación de firmas

 **DEFINICIÓN**

No repudio

Es una garantía que impide que, una vez firmado electrónicamente un documento, este pueda ser repudiado por el firmante, no posibilitando la opción de no reconocerlo posteriormente.

 RECUERDA

La factura electrónica es un archivo digital o documento electrónico firmado digitalmente con un certificado cualificado y que equivale funcionalmente a la factura en papel. Este documento responde igualmente como justificante de entrega de productos o de la prestación de servicios, pero utilizando un sistema de procesamiento y transmisión entre el emisor y el receptor a través de medios electrónicos garantiza los requisitos establecidos en la ley para tal cuestión.

La firma electrónica que ofrece el sistema de seguridad más completo y seguro es la **firma cualificada.**

Características	Firma electrónica cualificada
Fácil uso	Sí
Segura	Sí
Validez legal	Sí
Dispositivo seguro de creación de firma cualificado / Certificado cualificado de firma electrónica	Sí / Sí

Este tipo de firma es el que ofrece el mayor nivel de seguridad; su uso estuvo limitado a las administraciones públicas debido a sus exigentes **requerimientos:**

 **CONSEJO**

Cualquier empresa que desee implantar una firma electrónica segura deberá dotar de capas de seguridad complementarias al proceso de firma habitual y comenzar por incluir estos nuevos procedimientos en áreas departamentales para posteriormente universalizarlos de forma global.

ACTIVIDAD COMPLEMENTARIA

1. Ya conoces algunos aspectos básicos sobre la firma electrónica y la ventaja que te ofrece para facturar electrónicamente. Ahora te proponemos que investigues sobre los pasos previos que deberías realizar para implantar la firma electrónica en tu pyme.

Como has podido observar, la firma electrónica cualificada es similar a la avanzada, pero con la diferencia de estar soportada por un **certificado electrónico cualificado.**

Para poder disponer de él, previamente tendrás que solicitarlo a un presta-dor de servicios electrónicos de confianza y, posteriormente, descargarlo en el dispositivo desde donde firmarás tus facturas electrónicas.

DEFINICIÓN

Certificado electrónico cualificado
Es un archivo informático creado y firmado electrónicamente por un prestador de servicios electrónicos de confianza, y que permite a su titular o depositario validar su identificación inequívoca a través de claves de seguridad.

IMPORTANTE

Sin el certificado electrónico, no será posible confirmar la identidad del firmante del documento electrónico.

Es posible que te hagas la siguiente pregunta: ¿por qué es necesario utilizar un certificado electrónico cualificado para la facturación electrónica?

La respuesta la puedes encontrar en la tecnología de seguridad (identifi-cación, autenticación, firma, sello, etc.) que lleva incorporada este tipo de certificado, pero, sobre todo, en las exigencias impuestas por la regulación de la factura electrónica.

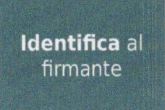

| Identifica al firmante | Verifica la integridad del documento firmado electrónicamente | Garantiza el no repudio |

NOTA

La entidad prestadora de servicios electrónicos de confianza participará como un tercero que vela y garantiza este cumplimiento.

Debido a la cantidad de facturas que hoy en día son firmadas electrónicamente, es importante que conozcas cuál es el proceso, para que dispongas del tuyo propio.

Como es lógico, y en función de si eres profesional autónomo o, por el contrario, la firma electrónica será la de tu empresa, tendrás que presentar una u otra documentación; no obstante, el procedimiento que a continuación vas a conocer es muy similar para las dos opciones.

Presta atención a la siguiente imagen, que te mostrará los **pasos para obtener** tu *software* **de certificado electrónico**, aunque profundizarás en cada uno de ellos en la siguiente unidad, donde además conocerás otros programas que te permitirán facturar electrónicamente.

Para concluir con este apartado y facilitarte una visión amplia de lo que supone el proceso de validación de una factura electrónica o cualquier otro documento mediante una firma electrónica, presta atención a la siguiente imagen:

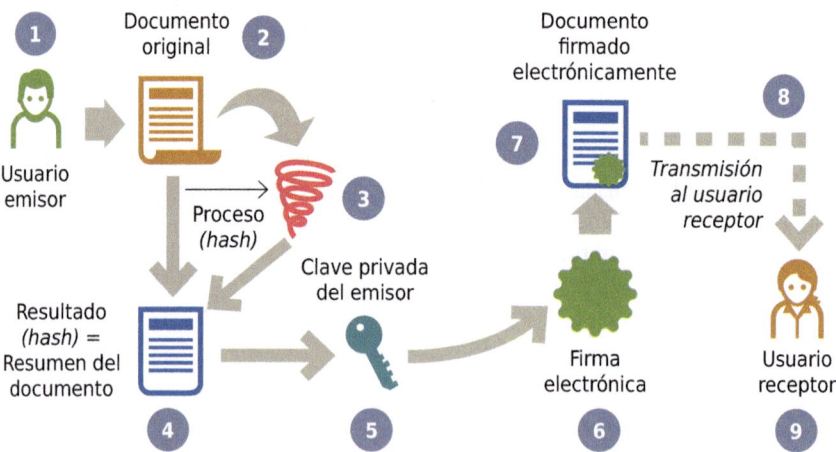

Ejemplo del proceso de validación de un documento firmado electrónicamente con firma cualificada

IMPORTANTE

La función *hash* es un proceso de reducción de tamaño de datos (en una porción de datos) que se realiza directamente para el conjunto de datos de un mensaje, de tal manera que lo convierte en otro conjunto de datos de menor tamaño. El resultado es un archivo independiente, pero relacionado con el mensaje original. El objetivo que persigue este proceso es incrementar las garantías de protección del documento, ya que, en caso de ser sustraído, únicamente dispondrían de una mínima porción de información. No existen dos *hash* iguales o idénticos, por lo que resulta imposible localizar dos mensajes con el mismo *hash*.

Como ya te adelantábamos, existen unos requisitos previos para facturar electrónicamente, pero profundizarás en estos aspectos en la próxima unidad. Ahora es el momento de conocer otros detalles importantes a fin de que puedas elaborar un documento digital de factura electrónica que cuente con la validez legal exigida.

¿Conoces qué tipo de información debe contener la factura electrónica?

Presta atención al siguiente cuadro:

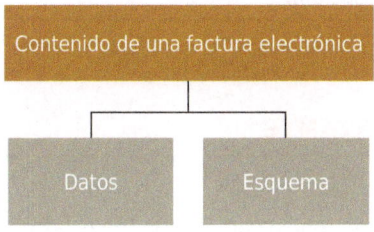

⊃ **Datos:** al igual que ocurre con la factura en papel, la electrónica deberá mostrar unos datos que detallan la operación que facturar. El cliente o receptor de tu factura debe conocer a través de este documento qué vas a cobrarle y en qué concepto y términos.
Estos son los datos que siempre deben figurar en la factura electrónica cuando procedas a crearla:

- Tus datos (vendedor) o los de tu empresa: razón social o nombre, NIF (autónomo o sociedad) y los datos relativos al domicilio fiscal.
- Los datos del cliente (comprador): razón social o nombre, NIF (autónomo o sociedad) y los datos relativos al domicilio fiscal.

- ⊍ N.° de factura, incluida la serie.
- ⊍ Fecha de realización de servicios o de la venta de productos.
- ⊍ Descripción del producto o el servicio prestado.
- ⊍ IVA y porcentaje aplicado; si la operación estuviera exenta del impuesto sobre el valor añadido, la factura deberá identificar con una anotación la normativa (artículo) a la que se acoge.
- ⊍ Cuando la factura se expida utilizando los sistemas informáticos que regula el Real Decreto 1007/2023 en su artículo 7, se ha de incluir además: un código QR con el contenido parcial de la factura o dicho contenido directamente, si la factura es electrónica; y la frase "Factura verificable en la sede electrónica de la AEAT" o "VERI*FACTU", solo en el caso de que dicho sistema informático remita todos los registros de facturación a la AEAT.

- ⊃ **Esquema:** aunque en el mercado *online* puedes encontrar multitud de plantillas disponibles para ser editadas y personalizadas, en el caso de que desees crear tú mismo un modelo de documento, trata de seguir un esquema como este para que el cálculo de los importes sea correcto:

Primer apartado	Subtotal	Total
Importe de los productos o servicios prestados. Descuentos, si existieran (concepto del descuento). Gastos (si existieran).	IVA (cuota) y el tipo. IRPF (cuota). Recargos (si los hubiera).	Provisión de fondos (si existiera). Gastos suplidos (si existieran). Total a pagar.

IMPORTANTE

La facturación electrónica cumple con todas las garantías y los requisitos para que la factura sea considerada objeto tributario del emisor, pudiéndose emplear y tener una atribución legal similar a la factura física si existe el consentimiento tanto del emisor como del receptor.

Cuando te llegue el momento de rellenar un modelo de factura electrónica, no olvides que puedes encontrarte con algunos conceptos como estos:

- ⊃ **Base imponible:** el importe correspondiente a la base imponible corresponde al precio de los productos o los servicios prestados más la suma de los impuestos correspondientes.

- **Sujeto pasivo:** es la empresa, el negocio o el profesional autónomo que vende el producto o presta el servicio.
- **Gastos suplidos:** son los gastos que asume el cliente, pero que los anticipa el negocio, como, por ejemplo, el servicio de mensajería o transporte de mercancías.
- **Gastos incluidos:** forman parte de la base imponible y se suman al importe del producto o servicio.
- **IVA general:** impuesto que corresponde al 21 % según el art. 90.1 Ley 37/1992, de 28 de diciembre (LIVA).
- **IVA reducido:** impuesto que corresponde al 10 % según el art. 91.1 LIVA. **IVA superreducido:** impuesto que corresponde al 4 % según el art. 91.2 LIVA.

Si quieres conocer las particularidades de la aplicación del IVA o bien saber qué tipo aplicable le corresponde a tu actividad, accede al siguiente enlace:

https://redirectoronline.com/comt035po0103

- **Recargo de equivalencia:** es un recargo que se aplica, dependiendo del IVA, para la tributación por módulos.

NOTA

También es preciso especificar la fecha de prestación del servicio si es distinta a la de expedición de la factura.

3. Utilización de la factura electrónica

👉 HILO CONDUCTOR

Parece que el cliente de Montse está conforme con el presupuesto, solo queda ajustar algunos conceptos y establecer las fechas de pago a medida que vaya avanzando el trabajo. Montse está muy contenta; sigue con su intención de facturar electrónicamente, por lo que rápidamente comienza a investigar sobre qué beneficios le supondrá facturar de manera electrónica.

Si estás sumergido en este aprendizaje, es probablemente porque piensas que el uso de la factura electrónica aportará grandes beneficios para tu actividad.

Efectivamente, ha llegado el momento de hacer un repaso de las ventajas que supone la práctica de la facturación electrónica, por lo que si aún tuvieras algunas dudas, estos apartados te las podrán solucionar.

En el mundo de los negocios, cualquier elemento que se introduzca, ya sea técnico o tecnológico, y que ayude a agilizar los procesos supone aumentar la ventaja competitiva.

¿Qué tipo de ventajas competitivas supone la implantación de la factura electrónica para un pequeño negocio o actividad profesional?

A continuación podrás comprobar muchos de estos beneficios.

- **Ahorro de costes:** el uso de la factura electrónica puede suponer un ahorro económico muy importante para la actividad. Ten en cuenta que emitir una única factura en papel implica gastos que rondan casi un 70 %

más que si la emitieras telemáticamente; esta cifra aumenta si en vez de emitir, recibes la factura física. Por eso la implantación de este sistema de facturación es tan interesante tanto para el emisor como para el receptor.

‒ **Ahorro de tiempo de gestión:** gracias a la facturación electrónica, es posible que la empresa pueda reducir el tiempo en las entregas de las facturas correspondientes a sus clientes. Para conformar este aspecto, solo tienes que visualizar cuánto tiempo se tarda en lo siguiente:

- Crear una factura física.
- Imprimir la factura.
- Ensobrar la factura.
- Enviar la factura.
- Archivar la factura.
- ¿Cuánto tardarías, por el contrario, en realizar este proceso *online*? Seguro que muy pronto tendrás la respuesta.

‒ **Automatización contable y administrativa:** existen estudios que formulan que generar unas veinte facturas en papel implica realizar tareas rutinarias de más de tres horas de actividad. Gestionar este mismo número de facturas electrónicamente supone la eliminación de trabajos administrativos y contables, pudiendo dedicar ese tiempo a labores mucho más productivas para el negocio.

‒ **Aumento de eficiencia:** la eficiencia es un factor determinante para el correcto funcionamiento de una actividad empresarial. Exactamente, el concepto de eficiencia en el ámbito empresarial significa alcanzar los objetivos con el menor esfuerzo y coste posibles, gestionando los recursos disponibles correctamente. Dicho esto, la factura digital ayuda a que aumente la eficiencia del negocio para hacerlo mucho más productivo.

‒ **Aumento de seguridad documental:** la fórmula tradicional de facturación en papel engloba unos riesgos de los que, en ocasiones, no somos conscientes. Por ejemplo:

- Una factura en papel contiene datos sensibles y puede ser fácilmente escaneable y copiada.
- Una factura en papel viaja en el envío, pudiéndose fácilmente extraviar.
- Una factura en papel puede modificarse y el emisor no tener constancia de ello.

‒ **Ahorro de espacio:** el ahorro de espacio no solamente afecta a la ubicación de interminables pilas de archivos, sino que también conlleva un ahorro de costes en material para archivar, ya sean carpetas, cajoneras o estanterías que te ayuden a organizar y poder localizar fácilmente los documentos almacenados. El espacio para la factura electrónica ya no es ningún problema.

- **Integración de programas:** los programas específicos de facturación electrónica te permiten generar, enviar, recibir y almacenar facturas digitales. Sin embargo, no es esto lo más beneficioso de estas aplicaciones. Puedes contar con programas que se integran en la operativa de gestión de tu negocio, ofreciéndote una visual más global y práctica, para impulsar la operativa de tu negocio hacia una gestión eficiente y efectiva.
- **Sostenibilidad empresarial:** el uso del formato electrónico de la factura ayuda a disminuir la despoblación de bosques del planeta y las consecuencias que se derivan de la tala de árboles. Podrás poner tu granito de arena para combatir el cambio climático. ¿Sabes cuánto disminuirían las emisiones de CO_2 si consiguiéramos mantener nuestros bosques?
- **Rapidez en los procesos:** dotar a tu negocio de agilidad en los procesos implica el dominio de muchas tareas. La facturación electrónica puede hacerte ahorrar muchas horas a lo largo de todo un año de trabajo, pero, además, te permite gestionar la facturación desde el momento en que generas la factura hasta que las almacenas, controlando en cada momento el estado en el que se encuentra desde una misma aplicación. Todo esto hará que puedas dedicarle al resto de las tareas más atención, impulsando tu negocio con una base tecnológica de mayor rapidez requerida a las empresas, los negocios y las actividades profesionales más propias del siglo XXI.

IMPORTANTE

El eslabón considerado más débil por la seguridad informática y de la información es la persona (usuario o trabajador).

Vistas las ventajas, cualquier profesional o empresa puede implementar un sistema de facturación electrónica a través del cual podrá tanto emitir como recibir las facturas telemáticamente y beneficiarse de él.

Para que este sistema de facturación sea operativo y viable, solo deberás tener en cuenta estos aspectos:

> Ser titular de un certificado electrónico

> Contar con un dispositivo para generar la firma y validarla conforme a la administración tributaria

RECUERDA

La legislación admite desde el año 2013 la posibilidad de facturar electrónicamente sin la firma utilizando otros sistemas de intercambio electrónico de datos aceptados, siempre que estos puedan garantizar la autenticación y la integridad de los documentos.

Por otra parte, es posible que te preguntes cómo saber si un sistema de intercambio electrónico de datos cumple con los requisitos de seguridad exigidos por la administración tributaria.

En este sentido, los pasos que tendrías que realizar hasta contar con esa garantía serían los siguientes:

- Solicitar a la AEAT (Agencia Estatal de la Administración Tributaria) la comprobación del sistema que deseas utilizar.

- Esperar la contestación del expediente. La AEAT dispone de un plazo máximo de seis meses en el que pueden demandar alguna documentación o promover algún cambio.

- En el tiempo de espera, la Inspección Tributaria realizará gestiones de control a las tres figuras intervinientes: emisor, receptor y prestador del servicio (propietario del programa).

- Una vez comprobadas las garantías del sistema, podrás presentar una autorización de uso en firme, siempre en un plazo anterior a su uso (al menos treinta días antes).

- Finalmente, el sistema comienza a funcionar con total garantía, pudiéndose emitir y recibir facturas electrónicamente.

Según el Reglamento del Real Decreto 1007/2023, los obligados a utilizar sistemas informáticos de facturación (art. 3.1), cuentan con dos opciones:

- ⮞ Utilizar un sistema informático que reúna las condiciones establecidas en la Ley General Tributaria y su Reglamento.
- ⮞ Utilizar la aplicación informática de facturación que desarrolle la AEAT.

 **APLICACIÓN PRÁCTICA**

Una de las condiciones que a Manuel le ha impuesto su cliente para comenzar con la relación profesional es que las facturaciones deben ser remitidas electrónicamente.

El nuevo cliente de Manuel sufrió hace pocos meses una incidencia relacionada con las facturas físicas que le hizo perder tiempo y dinero, ya que su empresa se vio involucrada en una supuesta estafa.

Su habitual proveedor le facturó en papel, pero un empleado, ya despedido, manipuló las facturas, generando cierta confusión y mucha desconfianza, y viéndose perjudicada la actividad de la empresa y los resultados financieros de ese mes.

¿Podías explicar a Manuel qué elemento conlleva la factura electrónica que hubiera impedido esta manipulación?

Solución

La factura digital firmada electrónicamente imposibilita el acceso al documento y a su modificación durante los procesos de envío y recepción, mientras que un correo electrónico dirigido directamente al receptor y que tiene incorporado un archivo adjunto no firmado electrónicamente puede ser interceptado por cualquier usuario con ciertos conocimientos informáticos, no ofreciendo la seguridad documental. Además, en este último caso, en ningún momento el emisor recibiría notificación alguna de este cambio.

4. Obligaciones legales de los expedidores de factura electrónica

☞ **HILO CONDUCTOR**

Después de conocer las múltiples ventajas que derivan de la utilización de las facturas electrónicas, Montse quiere conocer cuáles son las obligaciones que tendrá que asumir como emisora de estas, ya que en breve desea implantar este sistema de facturación *online*. Para poder contar con una breve orientación, Montse le pregunta a Carlos, su vecino emprendedor, que ya viene utilizando este sistema de facturación y que está alojado también en el mismo vivero de empresas en el que desarrolla Montse su actividad.

Hasta aquí ya has podido conocer algunos aspectos básicos sobre la facturación electrónica, tales como los siguientes:

- La definición del concepto de factura electrónica.
- Los principios de protección de la seguridad de la información.
- Las tres fórmulas para garantizar tanto la autenticación como la integridad.
- Los tipos de firma electrónica.
- Los contenidos exigibles que deben apreciarse en una factura electrónica para que esta sea válida.
- Los beneficios que reporta la facturación electrónica en la actividad de un negocio.

Con la publicación del Real Decreto 1007/2023, de 5 de diciembre, que recoge el Reglamento sobre los requisitos de los sistemas y programas informáticos o electrónicos de facturación de empresarios y profesionales, comienza a contar el plazo para la adaptación a la facturación electrónica. Aquellos que tengan un volumen de facturación anual superior a ocho millones de euros, deberán adaptar sus programas en el plazo de un año. Para el resto de empresarios y profesionales, el plazo es de dos años.

Seguidamente, vas a saber cuáles serán las obligaciones que emanan de las partes interesadas en el uso de un sistema de facturación electrónica.

Aunque, en apariencia, facturar a través de un medio tecnológico o digital parece algo sencillo, es cierto que existen una serie de obligaciones impuestas por la normativa que regulan la facturación electrónica y que afectan a cada una de las partes implicadas:

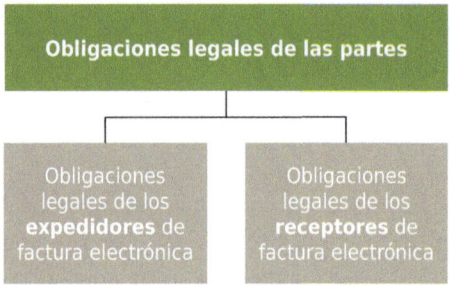

Evidentemente, el expedidor de una factura electrónica es la persona física o jurídica que emite la factura. En este sentido, y para que cumplas con lo establecido en el Reglamento de Facturación Electrónica, al comenzar a generar facturas digitales deberás cumplir una serie de obligaciones distintas a las del receptor de estas, que, por otra parte, también tendrá que asumir unos compromisos muy concretos.

Presta mucha atención y conocerás cada uno de estos requisitos que tendrás que cumplir como emisor de tus facturas, comenzando con la primera obligación de contar con el consentimiento del receptor.

Consentimiento del destinatario

Para poder iniciar el proceso de facturación telemática, es requisito indispensable contar previamente con el consentimiento del destinatario. Esto quiere decir que tanto el emisor como el receptor deben acordar con anterioridad que la facturación se realizará digitalmente. El consentimiento puede expresarse verbalmente o por escrito.

Una vez que hayas obtenido la confirmación por parte del receptor, este consentimiento te permitirá remitirle la factura electrónica, pero para ello tendrás que disponer de un programa que te permita crear y generar la factura.

Disposición de *software* homologado

Para crear y editar facturas electrónicas de acuerdo con la legalidad, y si quieres disponer de un programa informático para la generación de facturas, tendrás que asegurarte de incluir los datos obligatorios mínimos establecidos en la normativa y que ya viste en anteriores contenidos. Existen sistemas de facturación electrónica autorizados por la administración tributaria y otros proporcionados por terceros que ya tienen configurados los parámetros tanto de contenidos como de seguridad para que el trámite de facturación electrónica sea ajustado al reglamento. El *software* de facturación utilizado debe cumplir con los requisitos mínimos del software antifraude recogido en el Real Decreto 1007/2023. En la siguiente unidad tendrás la oportunidad de profundizar en ellos.

 PARA SABER MÁS

Si quieres consultar el reglamento que establece los requisitos que deben adoptar los sistemas y programas informáticos o electrónicos que soporten los procesos de facturación de empresarios y profesionales, y la estandarización de formatos de los registros de facturación, accede al siguiente enlace de la normativa:

https://redirectoronline.com/comt035po0137

Existen determinadas empresas, como las agencias de viajes, las de telecomunicaciones y las sociedades anónimas y limitadas que contraten con la Administración pública, que están obligadas a facturar electrónicamente.

 IMPORTANTE

Existe una **clasificación** de facturas electrónicas que las divide en **estructuradas** y no **estructuradas.** Las primeras son aquellas que pueden enviarse automáticamente con soluciones informáticas de facturación electrónica y las segundas son aquellas otras presentadas en forma de imagen (escaneo de facturas físicas) y cuyo procesamiento tendrá que realizarse manualmente, ya que son formatos complicados para ser leídos informáticamente. También es posible disponer de una solución compleja de facturación de firma que admita este tipo de formato y lo procese de forma automática.

El *software* de facturación te proporcionará las herramientas para crear facturas y poder enviarlas al destinatario, sin embargo, y aunque el siguiente aspecto ya no es obligatorio, como ya sabes, es importante que incluyas tu firma en el documento si puedes.

Autenticidad, integridad y legibilidad

El emisor de la factura electrónica está obligado a garantizar la autenticidad y el origen de esta mediante medios válidos, tales como la firma electrónica avanzada, el intercambio electrónico de datos o cualquier otro medio comunicado y validado por la AEAT. Además, el *software* utilizado ha de garantizar la correcta lectura de la factura. Recuerda que para que una factura esté firmada electrónicamente, esta validación tendrá que ser realizada mediante una firma electrónica avanzada. Este tipo de firma de documento será la que podrá garantizar a las partes la autenticación y la integridad en origen.

Envío telemático

Por otra parte, y aunque parece lógico, la remisión de la factura electrónica debe realizarse vía telemática, pero ¿qué significa exactamente este tipo de comunicación?

Para que puedas considerar que el envío de tu factura se realiza de manera telemática, tienes que saber que este concepto hace referencia a la comunicación entre las partes utilizando la informática y procesos tecnológicos, haciendo uso de dispositivos de telecomunicación tanto por parte de quien envía el documento como por parte de quien lo recibe.

 **IMPORTANTE**

Según indica el real decreto que regula la facturación electrónica, queda establecido un plazo para el envío telemático de las facturas correspondientes a operaciones efectuadas para otros empresarios o profesionales que será antes del día 16 del mes siguiente a aquel en el que se haya producido el devengo.

Conservación de las facturas

También, como emisor de facturas, tendrás que cumplir con las obligaciones de conservación impuestas por la ley; para ello, deberás tener en cuenta siempre el origen del formato.

En este aspecto, el reglamento de facturación, Real Decreto 1619/2012, expresa en sus artículos 19, 20 y 21 todas las especificaciones relativas a la conservación de las facturas emitidas electrónicamente. El emisor deberá conservar las facturas electrónicas utilizando también medios digitales, de tal manera que pueda garantizar su acceso con las garantías de autenticidad e integridad de contenido en origen a través del documento matriz.

Contabilización de las facturas

El contenido contable de la factura implica que independientemente del formato elegido, papel o electrónico, debe integrarse como anotaciones en la contabilización de la empresa o la actividad profesional. En el caso de la factura electrónica, tiene sus peculiaridades.

Las facturas electrónicas tienen el mismo trato contable que las facturas en papel; además, deberán igualmente realizarse todas aquellas anotaciones en registros del Impuesto sobre el Valor Añadido (IVA).

 IMPORTANTE

La factura electrónica, además de ser un instrumento justificativo de la prestación de un servicio o la venta de algún producto, también tiene relacionados unos apuntes contables (IVA) que, además, servirán para ejercitar el derecho de deducción. Por estos motivos, es importante que la contabilización sea precisa y correcta.

Conservación de facturas en el periodo de prescripción extintiva

La jurisprudencia en España relacionada con las reclamaciones de deudas por una relación comercial no está muy clara. Esto significa que, aun existiendo plazos establecidos por la ley dependiendo de la actividad realizada, pueden existir ciertas dudas para establecer el periodo de prescripción.

La normativa exige que las facturas se conserven en el mismo formato en el que se emitieron, a no ser que la empresa o el profesional optara en su momento por la conversión de formatos de papel a digital (en este caso, la conversión deberá realizarse mediante un escáner homologado por la administración tributaria y posteriormente ser almacenado digitalmente).

Igualmente, el reglamento establece como obligación conservar el contenido íntegro y original y de manera ordenada según la fecha de emisión. En el caso de las facturas emitidas de acuerdo con la normativa, deben conservarse las copias o matrices de las facturas expedidas.

Las facturas emitidas deberán custodiarse por el tiempo o plazo establecido en la ley para el cumplimiento de la obligación fiscal.

Garantizar la accesibilidad de los datos

Por último, y como emisor de facturas, tienes la obligación de proporcionar los contenidos de tus facturas a la administración tributaria si esta te los exigiera.

En este sentido, el emisor de la factura electrónica debe comprometerse a garantizar la accesibilidad íntegra al documento de la factura o matriz, de tal manera que pueda descargarse fácilmente el documento, visualizarse u obtener una copia de este. Esto es necesario para la total transparencia hacia la Administración pública y el acceso fácil por parte de la Inspección.

 CONSEJO

Vistas todas las obligaciones, la ley admite que puedas contratar a un tercero que se encargue de su acatamiento, pero recuerda que siempre serás tú el responsable de cumplir con el objeto tributario.

5. Obligaciones legales de los receptores de factura electrónica

👉 HILO CONDUCTOR

Una vez que nuestra emprendedora conoce todas y cada una de las obligaciones legales que tendrá que asumir para emitir facturas electrónicas, quiere también descubrir cuáles serán esas otras obligaciones que tendrá que acometer como receptora de facturas, ya que ella también tendrá que subcontratar servicios que tendrá que costear.

El receptor de una factura electrónica también deberá cumplir con algún requisito establecido por la normativa y que a continuación vas a ver.

La obligación legal que debes asumir como receptor de facturas electrónicas queda reflejada en la siguiente imagen mediante los dos pasos de verificación:

En relación con la primera obligación legal, es posible que te plantees si sería válido recibir por correo electrónico una factura en formato PDF sin que esta esté firmada digitalmente, siempre que sea por parte de usuarios no obligados a su remisión de forma electrónica.

La Administración ha dado respuesta a esta cuestión, e insiste en que deben quedar garantizados estos tres aspectos que seguro que ya te sonarán:

Autenticidad del origen | Integridad del contenido | Legibilidad del contenido

RECUERDA

La autenticidad en origen y la integridad del contenido de una factura enviada telemáticamente quedan garantizadas con la firma electrónica avanzada.

- -

Sin embargo, la recepción de una factura sin firmar digitalmente suele ser una práctica más común de lo habitual, principalmente ejercida por pequeñas pymes y profesionales autónomos. Es entonces la Administración quien se pronuncia al respecto, permitiendo esta operativa siempre y cuando exista una autorización expresa (formalizada por escrito) por parte del receptor; en este sentido, este consentimiento deberá identificar previamente el correo electrónico, a ser posible corporativo, a través del cual se realizará el envío de dichas facturas.

Es posible, por tanto, enviar y recibir facturas por correo electrónico siempre que no se incumpla el requisito de la autorización. De ser así, supondría para el emisor sanciones que oscilan entre el 1 % y el 20 % del importe facturado.

Como segunda obligación, el receptor tendrá igualmente el deber de conservar la factura recibida, pero con una diferencia con respecto al emisor. Te la mostramos a continuación.

Emisor	Receptor
- El emisor conservará la factura a través de su matriz, que engloba el conjunto de información y datos de la factura (base de datos, tablas, programa utilizado, etc.).	- El receptor conservará la factura tal y como la recibe, en su formato original, pero igualmente velando por garantizar la legibilidad de los datos que contiene, así como de la información adicional de la firma o los mecanismos de verificación.

NOTA

Igualmente, el receptor de la factura deberá disponer de un programa adecuado para validar la factura atendiendo al tipo de formato de generación del documento, que ha de cumplir con los requisitos recogidos en el Reglamento del Real Decreto 1007/2023.

Como tercera obligación, el destinatario de la factura electrónica ha de informar al emisor sobre:

➲ Si acepta o no la factura y su fecha.
➲ El pago íntegro de la misma y su fecha.

APLICACIÓN PRÁCTICA

Verónica es la responsable del Departamento de Contabilidad de una empresa suministradora de productos de alimentación a supermercados. Dado el incremento de facturación en el último año y la posibilidad de trabajar con otras empresas que facturan telemáticamente, ha decidido contemplar la posibilidad de implantar una solución de

Continúa en página siguiente >>

<< Viene de página anterior

facturación electrónica, pero le surgen varias dudas relacionadas con los requerimientos. ¿Podrías ayudar a Verónica identificando las obligaciones que le corresponderían al emisor y al receptor de las facturas electrónicas?

- **Debe disponer del programa adecuado para validar la factura atendiendo al tipo de formato de generación del documento.**
- **Es requisito imprescindible obtener el consentimiento.**

Solución

El consentimiento para la facturación electrónica debe ser mutuo, pero será el emisor quien esté obligado a solicitar el beneplácito del receptor, por lo que el emisor debe obtener el consentimiento previo del receptor.

Por otra parte, el receptor ha de disponer del programa de facturación adecuado que cumpla con los requisitos del Real Decreto 1007/2023 y que permita validar las facturas electrónicas recibidas según el tipo de formato de generación del documento.

---

6. Aspectos privado y público de las facturas electrónicas

☞ HILO CONDUCTOR

Parece que Montse ya tiene controlados los aspectos teóricos para cumplir con sus obligaciones tanto para emitir facturas electrónicas como para ser receptora de ellas. Pero hay una cuestión que le ha planteado Carlos, y es que le ha preguntado si tiene alguna intención de realizar algún trabajo para la Administración. Montse en principio no descarta nada; lógicamente, no quiere desaprovechar ninguna oportunidad que le pudiera surgir. Por ello anda algo impaciente por conocer si existe alguna peculiaridad a la hora de tener que facturar a un organismo público.

Las relaciones mercantiles o comerciales pueden darse en diferentes escenarios y entre diferentes actores.

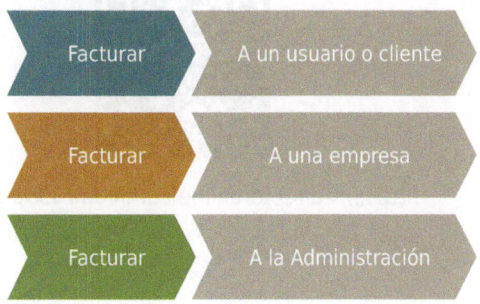

Recordarás que a partir del año 2015 España promovió el uso de la facturación electrónica, pasando a ser obligatorio su uso en la Administración pública y también para las empresas de gran tamaño.

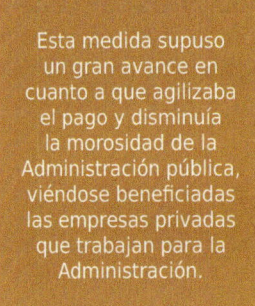

Esta medida supuso un gran avance en cuanto a que agilizaba el pago y disminuía la morosidad de la Administración pública, viéndose beneficiadas las empresas privadas que trabajan para la Administración.

 **VÍDEO**

Este vídeo te ayudará a comprender los objetivos que tenía la Ley 25/2013, de 27 de diciembre, de impulso de la factura electrónica y creación del registro contable de facturas en el sector público. Accede al siguiente enlace para verlo.

Continúa en página siguiente >>

<< Viene de página anterior

https://redirectoronline.com/comt035po0107

Desde entonces, las empresas y los profesionales pueden beneficiarse de los sistemas telemáticos de facturación. Y para aquellas empresas que no pudieran costear costosos programas de facturación electrónica, es la Administración pública quien provee de cómodas soluciones *online* para la realización de trámites a proveedores mediante la **facturación electrónica.**

Para facilitar estos procesos, existe una aplicación web denominada **Punto General de Entradas de Facturas de la Administración General del Estado (FACe),** que sirve de punto de conexión de todos aquellos organismos de las administraciones que tienen la obligación de recibir facturas electrónicas de proveedores según la ley.

La FACe proporciona **servicios a los proveedores** para que estos puedan realizar correctamente el envío de sus facturas electrónicas:

- ⮑ Disponen de un portal web para presentar la facturación.
- ⮑ Se les facilita una interfaz para el envío automatizado de la facturación.
- ⮑ Se les proporciona un formato único de factura.
- ⮑ Se les proporciona una numeración en cada registro para tener control y acceso al proceso de cobro.
- ⮑ Se les brinda la posibilidad de consultar las facturas y verificar el código CSV.

○ Disponen de un buscador de puntos de entrada de facturas de otras Administraciones públicas.
○ Acceso a un repositorio de facturas dirigidas a la Administración que incumplen con algún aspecto de la ley.

Por otra parte, las **administraciones públicas** disponen de lo siguiente:

○ Una plataforma en la nube para poder almacenar y gestionar todas las facturas electrónicas recibidas.
○ Una interfaz que permite la gestión y la descarga automática de facturas para su contabilización y liquidación.

 PARA SABER MÁS

La plataforma FACe está muy relacionada con la aplicación web *MiFacturae*. Accede al siguiente enlace para conocer cómo se relacionan:

https://redirectoronline.com/comt035po0138

7. Normativa

 HILO CONDUCTOR

Carlos aconseja a Montse que aunque puede disponer del asesoramiento de algún gestor, siempre le vendrá bien tener a su disposición todas aquellas preceptivas legales que pudieran afectar a la facturación electrónica. E incluso si se anima, puede configurar algún aviso en su ordenador para que la alerte de los cambios normativos referentes a todo aquello que afecte a la actividad comercial.

Ha llegado el momento de conocer la normativa que regula la facturación electrónica y que deberás tener muy a mano para poder realizar todas las consultas que necesites. No obstante, en este apartado conocerás otras normativas que van más allá de la regulación de la factura electrónica, pero que, sin embargo, están muy relacionadas. Conocer todas estas normas te permitirá trabajar los elementos clave para reducir al máximo las dudas que puedan impedirte implementar con éxito la factura digital en tu actividad.

7.1. Real Decreto 1619/2012

El Real Decreto 1619/2012, de 30 de noviembre, por el que se aprueba el Reglamento por el que se regulan las obligaciones de facturación aporta una mayor seguridad jurídica para los profesionales y empresarios. Principalmente, esta normativa trata de ofrecer un sistema más armónico para la facturación electrónica, pero, además, pretende impulsar este procedimiento al objeto de obtener los innumerables beneficios descritos en el apartado 3.

Como ya sabrás, las relaciones mercantiles y comerciales están sujetas a un marco jurídico que va desarrollándose y ajustándose a los nuevos tiempos y requerimientos. Muchas de estas leyes permanecen en vigor y otras muchas son derogadas parcialmente o incluso derogadas definitivamente, teniendo estas últimas mucho que ver en el estado del marco normativo actual.

7.2. Marco jurídico de la facturación electrónica

La relación de las siguientes normativas te va a permitir contar con la totalidad de reglamentos, como órdenes, leyes, recomendaciones y reales decretos, que en su conjunto repercuten a la facturación electrónica:

⊃ Orden HAC/1177/2024, de 17 de octubre, por la que se desarrollan las especificaciones técnicas, funcionales y de contenido referidas en el Reglamento que establece los requisitos que deben adoptar los sistemas y programas informáticos o electrónicos que soporten los procesos de facturación de empresarios y profesionales, y la estandarización de formatos de los registros de facturación, aprobado por el Real Decreto 1007/2023, de 5 de diciembre; y en el Reglamento por el que se regulan las obligaciones de facturación, aprobado por Real Decreto 1619/2012, de 30 de noviembre.

- Real Decreto 1007/2023, de 5 de diciembre, por el que se aprueba el Reglamento que establece los requisitos que deben adoptar los sistemas y programas informáticos o electrónicos que soporten los procesos de facturación de empresarios y profesionales, y la estandarización de formatos de los registros de facturación.
- Ley 18/2022, de 28 de septiembre, de creación y crecimiento de empresas.
- Ley 11/2021, de 9 de julio, de medidas de prevención y lucha contra el fraude fiscal, de transposición de la Directiva (UE) 2016/1164, del Consejo, de 12 de julio de 2016, por la que se establecen normas contra las prácticas de elusión fiscal que inciden directamente en el funcionamiento del mercado interior, de modificación de diversas normas tributarias y en materia de regulación del juego.
- Ley 6/2020, de 11 de noviembre, reguladora de determinados aspectos de los servicios electrónicos de confianza.
- Orden EHA/962/2007, de 10 de abril, por la que se desarrollan determinadas disposiciones sobre facturación telemática y conservación electrónica de facturas, contenidas en el Real Decreto 1496/2003, de 28 de noviembre, por el que se aprueba el reglamento por el que se regulan las obligaciones de facturación.
- Ley 25/2013, de 27 de diciembre, de impulso de la factura electrónica y creación del registro contable de facturas en el sector público.
- Orden PRE/2971/2007, de 5 de octubre, sobre la expedición de facturas por medios electrónicos cuando el destinatario de las mismas sea la Administración General del Estado u organismos públicos vinculados o dependientes de aquélla y sobre la presentación ante la Administración General del Estado o sus organismos públicos vinculados o dependientes de facturas expedidas entre particulares.
- Ley 56/2007, de 28 de diciembre, de Medidas de Impulso de la Sociedad de la Información.
- Recomendación 94/820/CE de la Comisión, de 19 de octubre de 1994, relativa a los Aspectos Jurídicos del Intercambio Electrónico de Datos.
- Ley 58/2003, de 17 de diciembre, General Tributaria.
- Ley 9/2017, de 8 de noviembre, de Contratos del Sector Público, por la que se transponen al ordenamiento jurídico español las Directivas del Parlamento Europeo y del Consejo 2014/23/UE y 2014/24/UE, de 26 de febrero de 2014.
- Real Decreto 1363/2010, de 29 de octubre, por el que se regulan supuestos de notificaciones y comunicaciones administrativas obligatorias por medios electrónicos en el ámbito de la Agencia Estatal de Administración Tributaria.
- Real Decreto-ley 19/2018, de 23 de noviembre, de servicios de pago y otras medidas urgentes en materia financiera.
- Ley 1/2000, de 7 de enero, de Enjuiciamiento Civil.
- Ley 7/1996, de 15 de enero, de Ordenación del Comercio Minorista.

⊃ Real Decreto Legislativo 1/2007, de 16 de noviembre, por el que se aprueba el texto refundido de la Ley General para la Defensa de los Consumidores y Usuarios y otras leyes complementarias.

⊃ Orden HAP/492/2014, de 27 de marzo, por la que se regulan los requisitos funcionales y técnicos del registro contable de facturas de las entidades del ámbito de aplicación de la Ley 25/2013, de 27 de diciembre, de impulso de la factura electrónica y creación del registro contable de facturas en el Sector Público.

⊃ Orden HAP/1074/2014, de 24 de junio, por la que se regulan las condiciones técnicas y funcionales que debe reunir el Punto General de Entrada de Facturas Electrónicas.

8. Iniciativas nacionales y europeas en los sectores público y privado

 HILO CONDUCTOR

Para que Montse no se aturda con tantas normativas legales y centre su atención en la implantación de un buen sistema de facturación electrónica, Carlos le indica que lea detenidamente algunas medidas europeas recientes que tratan de nuevo de impulsar y uniformar la forma de proceder en el ámbito de la Unión Europea. Carlos no tiene ninguna duda de que el exitoso modelo de trabajo de Montse le abrirá puertas en otros mercados europeos.

Son muchas las iniciativas, tanto nacionales como a nivel europeo, que tratan de impulsar, fomentar y homogeneizar la facturación electrónica en todos los ámbitos de actuación, ya sea en el sector privado o en el público.

Uno de los mayores impulsos que España ha realizado para propulsar este sistema de facturación fue con la Ley 25/2013, de 27 de diciembre. A través de esta normativa se determinó como obligatoria la facturación electrónica en la Administración pública.

Ley 25/2013, de 27 de diciembre, de impulso de la factura electrónica y creación del registro contable de facturas en el sector público

Se estableció la fecha límite **del 15 de enero de 2015** para poder facturar a la Administración importes superiores de **5.000 €** en otros formatos distintos al electrónico. A partir de esta fecha, fue obligatorio.

Sin embargo, y ya mucho más recientemente, han quedado establecidas otras medidas de mayor alcance en España, donde definitivamente la facturación electrónica ha sido la protagonista de esta nueva rebelión.

Ley 9/2017, de 8 de noviembre, de Contratos del Sector Público, por la que se transponen al ordenamiento jurídico español las Directivas del Parlamento Europeo y del Consejo 2014/23/UE y 2014/24/UE, de 26 de febrero de 2014

Se establece la obligatoriedad de facturación electrónica para los subcontratistas de la Administración pública en todo el Estado español a fecha **de 1 de julio de 2018** y para todos aquellos importes superiores a **5.000 €.**

A partir de esta última medida se puso en marcha la **Plataforma de Distribución de Facturas Electrónicas entre Empresa (FACeB2B),** ofreciendo un servicio *online* de apoyo a las empresas que permita la integración del sistema de facturación por medio de:

FACeB2B
- Emitir factura
- Obtener información de la factura
- Anular factura
- Obtener las facturas registradas
- Obtener las facturas anuladas
- Descargar las facturas
- Modificar el estado de las facturas

Hasta el año 2014, y en el ámbito europeo, existen multitud de normativas que regulan la facturación electrónica entre empresas privadas, así como para la contratación pública en los diferentes países que conforman la Unión Europea.

Si hicieras un intenso estudio sobre ellas hasta ese año, podrías concluir que te has podido encontrar con grandes inconvenientes para implantar un sistema común:

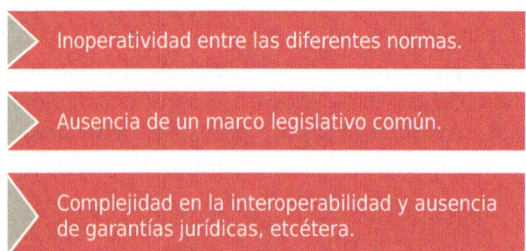

Inoperatividad entre las diferentes normas.

Ausencia de un marco legislativo común.

Complejidad en la interoperabilidad y ausencia de garantías jurídicas, etcétera.

Por este motivo, la Unión Europea hace un esfuerzo para crear la Directiva Europea 2014/55/UE del Parlamento Europeo y del Consejo, de 16 de abril de 2014, relativa a la facturación electrónica en la contratación pública.

Sin embargo, y aun habiendo sido publicada la Directiva 2014/55/EU, hoy en día se han tenido que establecer unas fechas para su total implantación dentro del marco europeo.

Las siguientes **fechas clave** promueven este cambio normativo en la facturación electrónica en el ámbito europeo; tenlas en cuenta, porque no las debes obviar.

18/4/2019

Esta fecha fue clave para que todos los países que conforman los Estados miembros de la Unión Europea puedan realizar un cambio común para la implantación de todas las obligaciones relativas a la facturación electrónica de contratación pública. El plazo establecido para llevar a cabo esta trasposición es de dieciocho meses desde la publicación. Para que puedas consultar dicha información, accede al siguiente enlace:

Decisión de Ejecución (UE) 2017/1870 de la Comisión
https://redirectoronline.com/comt035po0133

La siguiente fecha clave ha afectado a las administraciones públicas europeas de menor tamaño, como ayuntamientos, comunidades autónomas, etcétera:

18/4/2020

La siguiente medida europea está relacionada con la posibilidad de que las Administraciones regionales y locales (no las estatales) puedan acogerse a la ampliación del plazo de la directiva europea anterior siempre y cuando la Administración central del país haya realizado el cambio.

Con todo lo visto, puedes llegar a la conclusión de que, aunque facturar electrónicamente tiene grandes ventajas, también presenta algunos inconvenientes para unificar y hacer comunes las medidas a fin de consolidar en el ámbito europeo esta eficaz práctica en las administraciones públicas.

La siguiente imagen te mostrará cómo cada país ha ido adoptando a lo largo del tiempo este sistema de facturación. Ahora toca alcanzar en la Agenda Digital para Europa del 2020 la implantación total y definitiva.

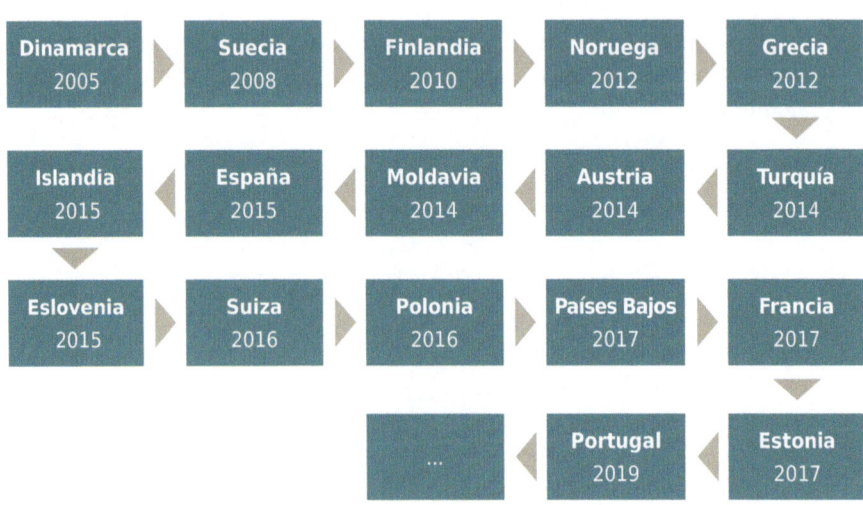

La implantación total de esta directiva europea no solo tendrá impacto en la Administración pública, ya que se persigue que se establezcan también estos sistemas de facturación en otras relaciones:

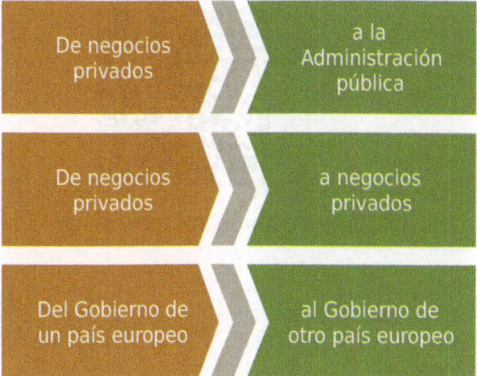

Para que la Agenda Digital para Europa del 2020 cumpla con la implementación definitiva de la factura electrónica y sea posible la facturación en cualquier ámbito, están abordándose situaciones muy complejas y diversas.

Para afrontar esta complejidad, la directiva pronostica un elemento clave para establecer un modelo de factura electrónica flexible, con dos posibles desviaciones:

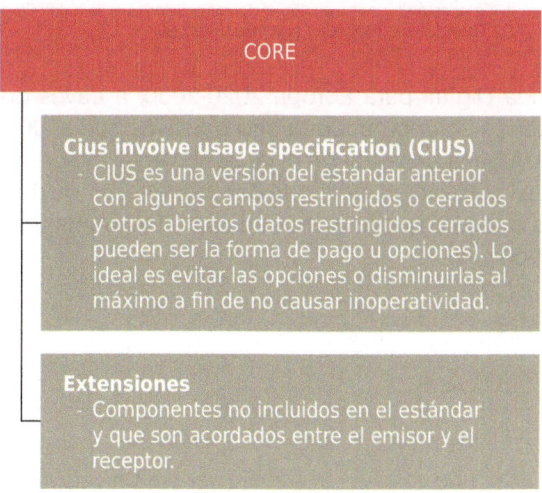

Para que puedas conocer el proyecto de adaptación del sistema FACe al estándar europeo, te invitamos a que entres en la web de la plataforma española, donde podrás conocer cuáles fueron las políticas de actuación:

https://redirectoronline.com/comt035po0132

Componentes del equipo que llevó a cabo la adaptación de la plataforma FACe al estándar europeo. Proyecto cofinanciado por la Unión Europea. (© Fotografía: EUROFACe / euroface.unizar.es)

La Agenda Digital para Europa 2020-2030, a través de la Brújula Digital 2030, recoge en uno de sus cuatro objetivos que el 90 % de las pymes de la Unión deben conseguir un nivel básico en el índice de intensidad digital. Este mide la utilización, por parte de las empresas, de diferentes tecnologías digitales, entre las que se encuadran las relacionadas con el envío de facturas electrónicas.

 TAREA 1

Esteban acaba de concluir un trabajo para la Universidad y debe facturar por los servicios prestados. Se plantea emitir por primera vez la factura telemáticamente, pues la Universidad le ha indicado vía correo que prácticamente todos

Continúa en página siguiente >>

<< Viene de página anterior

sus proveedores utilizan este sistema. Pero le da cierta pereza por el tiempo que debe dedicar a conocer los mecanismos de este proceso. Esteban dispone de poco tiempo, pero le falta liquidez; son muchas las conferencias que está impartiendo y hasta ahora muy pocas las que ha podido cobrar. ¿Podrías ayudar a Esteban motivándolo para que realice esta facturación electrónicamente? Trata de exponerle brevemente un motivo consistente.

Basándote en esto, debes describir qué funcionalidad de la factura electrónica lo podría convencer, qué requisito u obligación indispensable ya contempla para emitir la factura digital y qué deberá verificar la Universidad tras recibirla telemáticamente. Por otra parte, indícale la ley que regula la facturación electrónica y que deberá tener presente para ajustarse a derecho.

9. Resumen

Los trámites *online* van cobrando cada vez mayor protagonismo en las relaciones empresariales, las actividades profesionales y en el ámbito de la Administración pública.

La factura electrónica es un elemento vital actualmente, que aporta agilidad, eficacia y eficiencia a los procesos, haciendo que las empresas sean mucho más productivas y cumpliendo, además, sus principales funciones.

> **Factura electrónica**
> - La factura electrónica sirve como justificante de haber entregado productos o realizado alguna prestación de servicios a los clientes y, además, asegura a efectos legales que dichas prestaciones han sido realizadas y cobradas.

Aunque son muchos años los que han pasado desde que la factura electrónica vio la luz por primera vez en España, es a raíz del año 2013 cuando se promovió una medida de impulso obligatoria para la utilización de la factura electrónica como sistema de pago en el sector público.

Además de velar por los principios de seguridad de la información, es posible facturar electrónicamente siempre y cuando el sistema utilizado garantice estos aspectos:

Esto es posible utilizando alguna de estas tres vías de facturación:

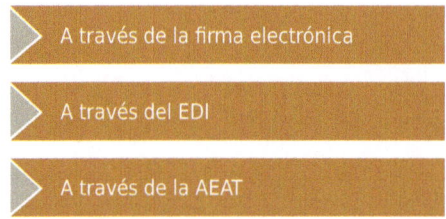

Para firmar electrónicamente una factura es necesario disponer de un certificado electrónico expedido por una entidad prestadora de servicios electrónicos de confianza. Este certificado es la base de la firma a través del cual será posible lo siguiente:

Existe otro requisito indispensable independientemente de la vía utilizada y que hay tener en cuenta para que la factura electrónica cumpla con los preceptos establecidos por la ley. La factura electrónica será objeto tributario del emisor y tendrá atribución legal si se da el **consentimiento** entre las partes (emisor y receptor de la factura) para utilizar este sistema telemático de facturación.

Son muchas las ventajas y los beneficios que reporta la facturación electrónica, pero también exige unas obligaciones por parte del emisor y del receptor.

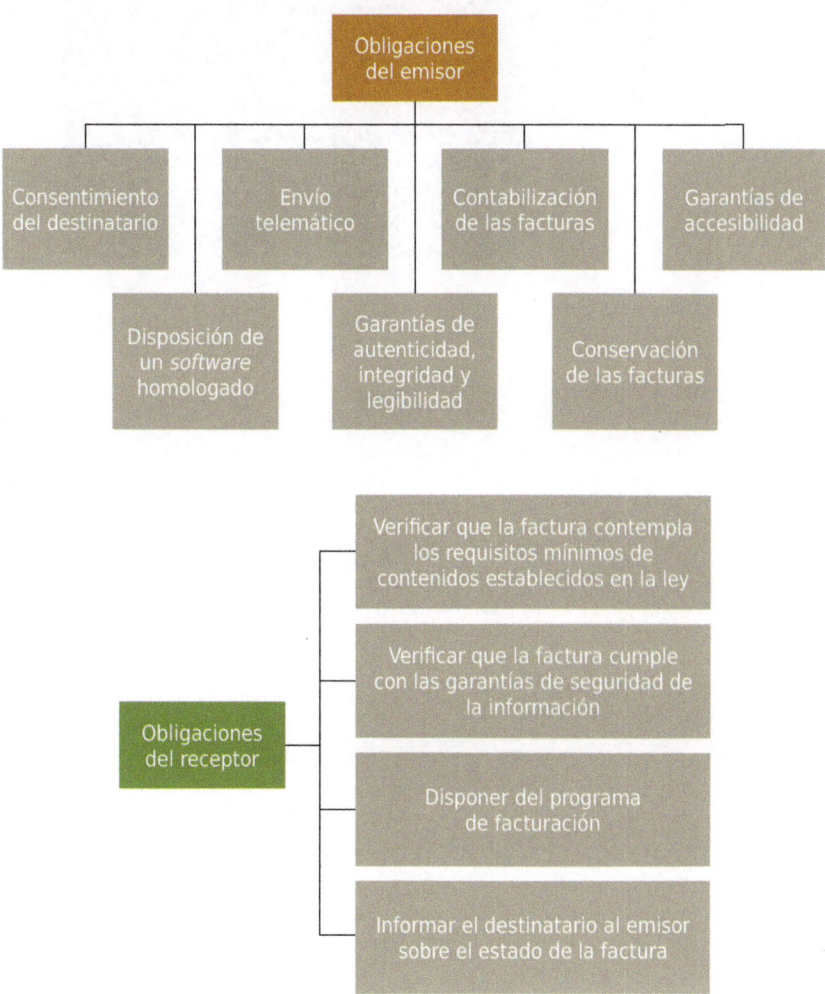

Tras el objetivo de la implantación definitiva de la facturación electrónica en España, tanto en el ámbito privado como en el público, existe otro objetivo:

Marco europeo

Agenda Digital para Europa 2020 -2030
- Adecuar los sistemas de facturación a un estándar europeo que permita establecer mejores relaciones comerciales entre empresas operantes de los Estados miembros y, además, permita realizar labores administrativas entre gobiernos y administraciones de diferentes países de la Unión Europea.

Ejercicios de autoevaluación
Unidad de Aprendizaje 1

1. Indica si las siguientes afirmaciones son verdaderas o falsas:

a. Los trámites *online* van cobrando cada vez mayor protagonismo en las relaciones profesionales y empresariales; ejemplo de ello es la facturación *online*.

- Verdadero
- Falso

b. La factura electrónica es un documento similar a una factura en papel, solo que está expedida y es recibida mediante un formato electrónico.

- Verdadero
- Falso

c. Los conceptos de factura electrónica y factura telemática son parecidos, pero en su descripción existen algunas diferencias.

- Verdadero
- Falso

2. La factura electrónica...

a. ... no debe, tal y como se hace con la factura en papel, describir cada uno de los conceptos relativos a la operación, sus costes y el desglose de los impuestos aplicados.

b. ... debe, al igual que la de papel, describir cada uno de los conceptos relativos a la operación, sus costes y el desglose de los impuestos aplicados.

c. ... no es necesario que en su contenido tenga descritos cada uno de los conceptos relativos a la operación, sus costes y el desglose de los impuestos aplicados, ya que dispone de un código que la diferencia de otras.

d. Todas las opciones son incorrectas.

3. Los principios de la seguridad de la información son...

    a. ... confidencialidad, integridad y autenticidad.
    b. ... confidencialidad, integridad y claridad.
    c. ... confidencialidad, integridad y disponibilidad.
    d. Todas las opciones son incorrectas.

4. El principio que persigue evitar que la información no sea modificada, cambiada o perturbada sin autorización se denomina...

    a. ... integridad.
    b. ... confidencialidad.
    c. ... autenticidad.
    d. ... claridad.

5. El principio de confidencialidad en la factura electrónica persigue...

    a. ... evitar la circulación de información no autorizada. Únicamente permitirá al receptor de la factura obtener la información que contiene.
    b. ... evitar que la información no sea modificada, cambiada o perturbada sin autorización. Garantiza que una vez creada y emitida la factura, esta no podrá ser manipulada.
    c. ... que la accesibilidad a la información por parte de elementos autorizados sea fluida y sin obstáculos. Garantiza que será el receptor de la factura el que podrá disponer de ella.
    d. Todas las opciones son incorrectas.

6. La maniobra informática de seguridad mediante la cual es posible asegurar en el envío telemático de información que la persona física o jurídica que firma el documento (factura electrónica) es quien dice ser se denomina...

    a. ... autenticación.
    b. ... identificación.
    c. ... reconocimiento.
    d. Todas las opciones son correctas.

7. Demostrar la autenticidad en origen de una factura electrónica y la integridad del contenido es posible mediante el envío telemático con...

    a. ... la firma electrónica.
    b. ... el EDI.
    c. ... otros medios validados por la AEAT.
    d. Todas las opciones son correctas.

8. La fórmula de autenticación de la factura mediante la firma electrónica no es obligatoria desde...

    a. ... el año 2013.
    b. ... el año 2015.
    c. ... el año 2010.
    d. ... el año 2012.

9. La factura electrónica aporta beneficios para la empresa o negocio que la tiene implementada. Estos beneficios son...

    a. ... el ahorro de tiempo y dinero.
    b. ... la automatización contable y administrativa y el aumento de la eficiencia.
    c. ... el aumento de la seguridad documental y el ahorro de espacio físico.
    d. Todas las opciones son correctas.

10. La aplicación web denominada FACe es...

    a. ... el Punto General de Entrada de Facturas de la Administración Autonómica de Andalucía.
    b. ... el Punto específico de Entrada de Facturas de las Administraciones Locales.
    c. ... el Punto General de Entrada de Facturas de la Administración General del Estado.
    d. Todas las opciones son incorrectas.

La operativa de la facturación electrónica

Contenido

Objetivos

El objetivo general de esta Unidad de Aprendizaje es:

→ Garantizar el aprendizaje de los procesos de la facturación electrónica y su utilización en la actividad económica, con el fin de que su operativa y su uso supongan un cambio relevante en la gestión económica del negocio, agilizando los trámites y facilitando las relaciones comerciales.

Los objetivos específicos de esta Unidad de Aprendizaje son:

→ Especificar los requerimientos para poder facturar electrónicamente.

→ Distinguir los diversos escenarios que dan como resultado diferentes modelos de facturación, y saber seleccionar la mejor solución para la emisión de facturas electrónicas.

→ Indicar las aplicaciones informáticas de facturación electrónica.

1. Introducción

En la realidad económica actual, los negocios están abocados a interactuar de manera directa con sus clientes y proveedores. Sin duda, la tecnología informática y de la información ayuda a que esto sea posible. Pero la velocidad es un aspecto incuestionable que toda empresa o profesional debe incorporar a sus procesos de gestión; esto es así si realmente la pretensión es la de alcanzar la competitividad necesaria para sobrevivir en este ecosistema actual de las relaciones comerciales.

La incorporación de un sistema de facturación electrónica a la rutina diaria del negocio facilita la transformación digital exigida en este nuevo paradigma económico y empresarial, traduciéndose todo esto en procesos administrativos más eficientes que conducen al negocio por el camino hacia al éxito empresarial.

Para el desarrollo del contenido nos seguiremos basando en el caso de Montse, una joven emprendedora apasionada del *marketing* digital que no ha desaprovechado la oportunidad de implementar un sistema de facturación electrónica en su negocio *online*.

2. Requisitos previos para facturar electrónicamente

👉 **HILO CONDUCTOR**

Ha llegado el momento de que Montse ponga en marcha todos los conocimientos adquiridos sobre la factura electrónica. Tras la aceptación del presupuesto por parte de la empresa de calzados, esta emprendedora comienza a ofrecerle los servicios de *marketing* digital. Han llegado a un acuerdo económico y la facturación será trimestral, por lo que dispone de poco tiempo para implementar su propio sistema de facturación y así poder enviar la primera factura electrónica a este cliente tan especial.

Tras el marco teórico de la primera unidad, vas a comenzar con esta otra que estará enfocada a enseñarte la parte más práctica y operativa de la implementación de la facturación electrónica.

Como es lógico, si tu interés es el de contar con un sistema de facturación electrónica, el primer paso hacia este objetivo será tener bien claro qué requisitos previos se exigen. Esta información te servirá también para asentar muchos de los conocimientos adquiridos.

En primer lugar, y para poder iniciar los trámites de facturación a otra empresa, tendrás que disponer de una de estas dos **firmas electrónicas:**

Firma electrónica avanzada

- Es posible garantizar la autenticidad en origen y la integridad del contenido de la factura digital si se utiliza una firma electrónica avanzada que esté formulada mediante un certificado electrónico cualificado.

Firma electrónica cualificada

- Es posible garantizar la autenticidad en origen y la integridad del contenido de la factura digital si se utiliza una firma electrónica avanzada que esté formulada mediante un certificado electrónico cualificado y reservada a través de un dispositivo seguro de creación de firma. Este tipo de firma toma el nombre del firma electrónica cualificada.

 **NOTA**

La cuestión estriba en que, indistintamente de que utilices una u otra, ambas firmas deben tener un **certificado electrónico cualificado.** Una vez que hayas creado la factura tal y como lo harías de manera tradicional, y la hayas almacenado en un documento electrónico, podrías firmarla electrónicamente con este certificado para su emisión.

RECUERDA

Desde el año 2013, con la puesta en vigor del reglamento de facturación, no es obligatoria la facturación electrónica por medio de la firma electrónica basada

Continúa en página siguiente >>

<< Viene de página anterior

en el certificado electrónico cualificado, aunque, como recordarás, sigue siendo recomendable. No olvides que el certificado electrónico cualificado es un archivo informático creado y firmado electrónicamente por un prestador de servicios electrónicos de confianza, y que permite a su titular o depositario validar su identificación inequívoca a través de claves de seguridad.

Quizá dispongas, sin saberlo, de este **certificado electrónico cualificado;** puede ser perfectamente un DNIe (documento nacional de identidad electrónico) o bien un certificado que te haya permitido realizar aquellas transacciones obligatorias con la AEAT. En este caso, será el mismo programa de facturación que utilizarás el que te informará si puedes utilizar el certificado del que dispongas.

 IMPORTANTE

Puedes también encomendar el trabajo de expedición y conservación de facturas *online* a un **prestador de servicios de facturación electrónica;** si este es el caso, será esta entidad la que firmará digitalmente las facturas. Para este caso sirve el artículo 5 del Reglamento por el que se regulan las Obligaciones de Facturación, aprobado por el Real Decreto 1619/2012, de 30 de noviembre.

 ACTIVIDAD COMPLEMENTARIA

2. Es posible conocer, mediante un listado, qué empresas proveedoras de servicios de facturación electrónica han solicitado, mediante un formulario dirigido a la Administración, ser inscritas como entidades prestadoras de servicios FACeB2B (Plataforma de Distribución de Facturas Electrónicas entre Empresas que permite a las empresas integrar la remisión de facturas electrónicas entre subcontratista y contratista de los contratos del sector público).

   Indaga sobre esta cuestión en la URL desde donde es posible acceder como cliente y donde se te solicitará el acceso mediante clave pin o certificado electrónico.

Una vez que dispongas de tu firma electrónica basada en el certificado electrónico cualificado, tendrás que proveerte de un **programa informático** a través del cual puedas facturar con total legalidad.

El programa informático de facturación electrónica debe contar con unos requisitos técnicos que deberán ser compatibles con los del receptor de la factura electrónica, y que quedan recogidos en el Reglamento del Real Decreto 1007/2023.

 CONSEJO

No olvides que tienes la obligación de contar con el consentimiento por parte del destinatario para poder remitirle la factura electrónicamente. Este aspecto queda reglamentado en el artículo 9.2 del Real Decreto 1619/2012.

Sin embargo, y aunque en la anterior unidad se hizo mención de tres fórmulas para la emisión de facturas electrónicas, ahora es posible enmarcar de manera más clara y global los tres procedimientos que, de manera individual, te permitirán expedir tus facturas con total normalidad.

Alguno de ellos ya lo hemos nombrado, pero es conveniente que puedas contar con un pequeño repaso:

Mediante un programa informático
En este caso se puede optar por dos posibilidades:
- Utilizar un sistema informático que cumpla con los requisitos recogidos en la Ley General Tributaria (Ley 58/2003, de 17 de diciembre), el Reglamento de los requisitos técnicos de los programas de facturación (Real Decreto 1007/2023, de 5 de diciembre) y el desarrollo de estos aspectos técnicos, funcionales y de contenido (Orden HAC/1177/2024, de 17 de octubre). Además, si se tratan datos personales se ha cumplir con las normas del Reglamento General de Protección de Datos (Reglamento (UE) 2016/679, de 27 de abril) y la normativa española al efecto (Ley Orgánica 3/2018, de 5 de diciembre).
- Utilizar la aplicación informática de facturación en vías de desarrollo por la AEAT.

Mediante un prestador de servicios
- Esta fórmula de facturación electrónica emplea la intermediación de un prestador de servicios de facturación, tal y como ya has visto previamente.

Mediante la autofacturación
- También es posible facturar electrónicamente a través de un tercero, con la opción de que sea el propio destinatario el que cree su factura. Este método está regulado en el artículo 5 del reglamento (cumplimiento de la obligación de expedir factura por el destinatario o por un tercero) donde se exponen las obligaciones de la facturación, aprobadas en el Real Decreto 1619/2012, de 20 de noviembre, que ya conoces.

Como has podido comprobar, hay un método nuevo de facturación electrónica que hasta ahora era desconocido para ti.

La autofactura

 **DEFINICIÓN**

Autofactura
Es una factura en formato electrónico que es emitida por el destinatario de esta o por un tercero.

IMPORTANTE

Es posible que te surjan algunas dudas sobre este procedimiento, sin embargo, lo que has de tener muy claro es que en ningún caso la autofacturación exime de responsabilidades fiscales al proveedor del producto o servicio prestado.

En lo que respecta a la autofacturación, y aunque el negocio obligado a la emisión de facturas deba cumplir escrupulosamente con sus obligaciones fiscales, existen unos requisitos que han de cumplirse por parte del tercero o del destinatario de estas para que pueda autoemitir las facturas electrónicas sin problemas.

Primero
- La existencia de un acuerdo entre las partes implicadas en el que el empresario que ejecuta el trabajo que cobrar autorice al destinatario del servicio la expedición de las facturas relativas al trabajo recibido.

Segundo
- De manera individual, cada factura deberá contar con el proceso de aceptación del empresario que realizó el trabajo, ajustándose a lo acordado por las partes implicadas.

Tercero
- El destinatario tendrá que enviar una copia de la factura al empresario que realizó el trabajo.

Cuarto
- Las autofacturas son emitidas por cuenta y nombre del empresario que ha realizado el trabajo.

Si en alguna ocasión te ves en la situación de tener que expedir una auto-factura, no olvides que en su contenido deberán figurar los mismos datos obligatorios exigidos en la facturación electrónica formal; no obstante, presta atención a estas advertencias:

En el n.º de la autofactura deberá constar una serie diferente a la correspondiente a otras facturas normales presentadas.

En el documento electrónico de la autofactura debe poderse leer la siguiente expresión: «Facturación por el destinatario», y no debe nombrarse el concepto autofacturación, sino claramente el término «Factura».

Una vez comprendidos los tres procedimientos admitidos para facturar electrónicamente, otra cuestión importante que tener en cuenta es conocer las obligaciones específicas que tendrías si en vez de expedir una factura a otra empresa tienes que facturarle directamente a un usuario o un consumidor mediante el sistema electrónico.

En este caso, presta atención a las siguientes indicaciones:

Obligaciones específicas para la emisión de facturas a particulares

- Debes tener el consentimiento expreso del usuario de la aceptación de factura electrónica.
- Debes asegurarte de facilitarle al usuario el acceso gratuito al programa informático para poder disponer de la factura para su lectura, descarga, copia o impresión.
- Debes generar procesos simples que no le generen ningún coste al particular y, por supuesto, facilitarle el derecho de revocar el consentimiento dado para futuras facturaciones.
- Debes posibilitar que el particular pueda consultar la factura electrónica al menos durante los tres próximos años después de su emisión, independientemente de que haya finalizado en ese periodo la relación.

 IMPORTANTE

En el caso de emisión de factura electrónica a particulares, la necesidad de obtener el consentimiento expreso previo viene regulada en el artículo 63 del Real Decreto 1/2007, de 16 de noviembre, por el que se aprueba el texto refundido de la Ley General para la Defensa de los Consumidores y Usuarios y otras leyes complementarias, modificado por la Ley 3/2014, de 27 de marzo.

RECUERDA

Tal y como viene recogido en la anterior unidad, las relaciones comerciales con la Administración pública deben ser facturadas exclusivamente mediante el sistema electrónico.

- -

Aunque más adelante conocerás diversas aplicaciones informáticas para generar facturas electrónicas, en el mercado existen **plataformas** de **facturación digital** para gestionar telemáticamente facturas dirigidas tanto a particulares y empresas como a la Administración pública.

Como ejemplo está SERES, una solución comercial que puede englobar las prestaciones necesarias para un negocio con necesidades de facturación diversas. Esta plataforma de facturación es capaz de adaptarse al actual paradigma empresarial, donde prácticamente todo en una empresa está digitalizado.

EJEMPLO

SERES es una solución de factura electrónica que agrupa en un mismo medio todos los servicios y recursos necesarios para el intercambio de facturas electrónicas.

Esquema de los servicios de facturación electrónica de SERES

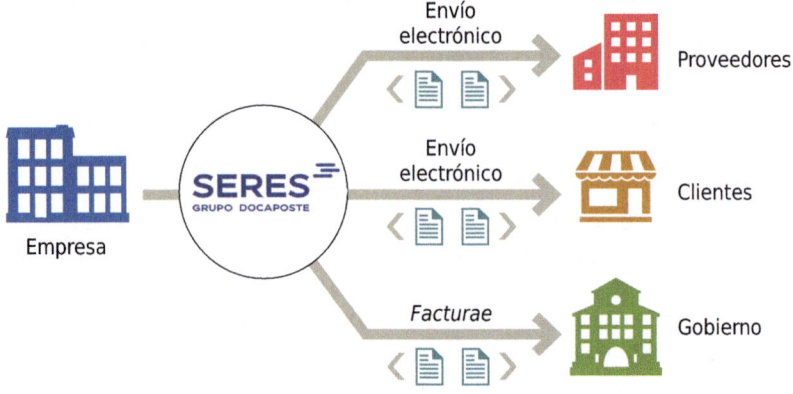

Continúa en página siguiente >>

[72]

<< Viene de página anterior

Puedes acceder a su página a través del siguiente enlace:

https://redirectoronline.com/comt035po0204

- -

3. Formatos de factura electrónica

👉 **HILO CONDUCTOR**

Antes de decidir qué fórmula correspondiente a la factura electrónica utilizará para el intercambio de datos seguros, Montse quiere conocer cuáles son los diferentes formatos admitidos que servirán de contenedor de la información. Está abierta a valorar todas las posibilidades y decidirse por el formato más adecuado, pero lo importante es conocerlos, pues ella también puede ser receptora de alguno de ellos en cualquier momento.

- -

Ya no existe duda alguna de que los próximos años serán determinantes para implantar definitivamente y generalizar el uso de la factura electrónica tanto en pequeños negocios como en la gestión contable de los autónomos. Las empresas de mayor tamaño ya han ido experimentando, en su mayoría, los beneficios que les aporta, por lo que la democratización de este proceso sería altamente ventajosa para todos.

Ahora bien, una de las principales dudas que surgen a la hora de facturar telemáticamente por primera vez es elegir el **formato** electrónico de la factura para poder ser fácilmente expedida.

El fichero electrónico soporta todo el contenido legal de una factura electrónica y recibe el nombre de formato.

Ahora que ya sabes qué es exactamente un formato de factura electrónica, ¿te gustaría conocer la variedad de formatos que admite la facturación *online*?

Los distintos formatos que admite la factura electrónica se agrupan en dos tipos fundamentalmente:

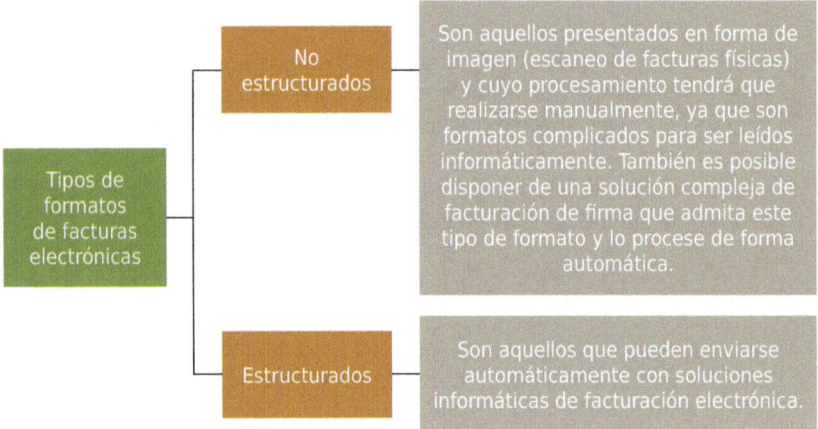

Comenzarás con uno de los más conocidos, el **PDF.**

3.1. Formato PDF

El formato PDF *(Portable File Document)* es un tipo de archivo digital que representa un pilar importante en el ecosistema de gestión administrativa digitalizada de todos los sectores. Gracias a este formato, actualmente el 50 % de los trabajos documentales en el ámbito del comercio se instrumentalizan mediante estos formatos, que cuenta ya con casi treinta años de antigüedad. Su función es la de contener de manera segura un documento que pueda ser visualizado e imprimido por la gran mayoría de dispositivos electrónicos, como ordenadores, móviles y tabletas. Este contenedor es uno de los más utilizados para el intercambio de documentos digitales, en gran parte promovido por poder ser manejado en las distintas plataformas anteriormente mencionadas y también por ser admitido por la totalidad de sistemas operativos, no generando ninguna incompatibilidad. El PDF cuenta con otra característica que lo hace muy interesante, y es que admite la incorporación de gráficos, vídeo y audios, ofreciendo gran versatilidad en un tamaño de archivo relativamente pequeño.

Por otra parte, admite acciones que proporcionan seguridad, como la incorporación de contraseñas que pueden proteger el archivo digital. También puede limitar acciones al receptor como la simple lectura e incluso no permitir la impresión. La fórmula más fácil de ver un archivo en formato PDF es contando con la versión gratuita de *Adobe Acrobat Reader DC,* aunque también es posible mediante otros programas alternativos.

Formato PDF

IMPORTANTE

Este formato dejará de ser válido cuando la facturación electrónica sea obligatoria de forma definitiva; hecho que ocurrirá en 2026, cuando estén obligados los autónomos y las pymes que facturan menos de ocho millones de euros.

3.2. Formato XML

Además del popular PDF, hay un tipo de formato de archivo digital utilizado en un importante programa de facturación electrónica para el sector público; este formato es conocido con el nombre de **XML.**

En algunas descripciones del XML *(eXtensible Markup Language)* puedes encontrarte con que, en vez de formato, lo denominen como un sistema. Aunque en un principio se considera un lenguaje programático que admite el etiquetado y la organización de documentos digitales, sus diferentes versiones hacen que queden englobadas como un solo sistema compuesto por lenguajes diferentes. Principalmente, sirve de contenedor de datos de páginas web y hojas de cálculo.

Se caracteriza porque permite, una vez creado el documento, añadirle etiquetas nuevas que identifican el contenido del documento ayudando a estructurar y representar los datos que lleva incorporados. En la práctica, esto último supone la posibilidad de que la información presentada, ya sean gráficos, textos o imágenes, vaya descargándose en función de la necesidad, quedando fácilmente localizada en una estructura definida y bien ubicada. Para leer este tipo de archivos es necesario recurrir a programas de edición de textos XML, siendo compatibles muchos de ellos con los diferentes sistemas operativos.

Formato XML

El formato necesario para remitir facturas electrónicas a la Administración pública es **facturae,** que no es más que un fichero con una factura electrónica con extensión XML.

La aplicación web *MiFacturae* es la herramienta adecuada para crear, gestionar y enviar las facturas electrónicas en formato facturae a través de FACe.

Logotipo de la aplicación de escritorio MiFacturae.

Otros formatos basados en XML son:

- ➲ **CEFACT.** Es un estándar internacional muy utilizado a nivel mundial.
- ➲ **UBL.** Es otro estándar internacional conocido, compatible con las normas legales europeas y fácilmente integrable con los ERPs.

 **NOTA**

EDIFACT *(Electronic Data Interchange for Administration, Commerce and Transport)* es un formato válido y aceptado en la factura electrónica, no basado en XML y que está considerado el estándar general en el intercambio electrónico de datos.

3.3. Formato HTML

Al igual que ocurre con el formato XML, este otro formato, llamado **HTML,** permite organizar la estructura del documento que contiene mediante etiquetas. Desde hace un tiempo, este tipo de formato también es admitido en programas de facturación electrónica en el sector público.

Este lenguaje se caracteriza por ser fácilmente entendible tanto por dispositivos tecnológicos como por el propio ser humano. Es fácil de generar y la edición del documento es parecida a un bloc de notas. El lenguaje es fácilmente reconocible por cualquier persona; en él se incluyen caracteres como <p> tanto en la cabecera como en el cuerpo y el final del texto, expresiones que indican la información tratada o la referencia a otros ficheros.

Formato HTML

 **NOTA**

Una vez vista la cantidad de formatos admitidos para la generación de una factura electrónica, te gustará saber cuáles son los más operativos y por qué.

Formato PDF
- Es habitual el uso del PDF cuando la factura es emitida a un profesional, un particular o una pequeña empresa que tenga la intención de guardar el archivo de la factura electrónica fácilmente.

Formato XML
- El formato XML es muy utilizado porque es el que se usa en *Facturae*, el programa para la facturación electrónica con la Administración pública.

Formato EDI
- Es un tipo de formato no visto hasta ahora, principalmente utilizado cuando la transmisión del documento se realiza desde un ordenador a otro ordenador, y cuyo receptor utiliza un sistema automatizado de facturación.

CONSEJO

Ya has conocido muchos de los formatos que pueden usarse para facturar electrónicamente; no obstante, si acabas de iniciarte en el mundo de la facturación *online,* es probable que te dejes aconsejar por algún programa de gestión de facturas electrónicas. Si este es el caso, será el propio programa informático el que se encargará de incorporar la información de tu factura al formato correspondiente, por lo que la diversidad de estos no deberá causarte ninguna complicación.

 APLICACIÓN PRÁCTICA

La pequeña gestoría en la que trabaja María como contable va a emitir por primera vez una factura electrónica a una nueva empresa que comienza a recibir sus servicios contables y administrativos como cliente. María anda un poco despistada, puesto que la exigencia acordada era emitir facturación electrónica, pero se trata de un procedimiento que nunca hasta ahora ningún cliente le había pedido. Una de las cuestiones que más le preocupa es dar una imagen de gestoría tradicional y poco actualizada, planteándose, entre otras cosas, qué formato elegir para generar el documento más apropiado. Planteada esta cuestión, ¿podrías ayudar a María a elegir un formato simple y habitual?

Solución

El formato PDF habla un lenguaje universal, por lo que es ideal para negocios que quieran iniciarse en el mundo de la facturación digital. No es necesario contar con un programa específico de facturación siempre que se cuente con la firma electrónica basada en un certificado electrónico cualificado. Por otra parte, el receptor no tendrá ninguna complicación para poder visualizar la factura, descargarla, imprimirla o guardarla; únicamente necesitará el típico programa lector de PDF, normalmente integrado en todo ordenador.

Sin embargo, debe tener en cuenta que a partir de 2026 este formato ya no será válido para la facturación electrónica, con lo que debería ir familiarizándose con el resto de formatos, tales como *Facturae,* XML, EDIFACT, etc.

4. El formato EDI. Intercambio electrónico de datos

☞ HILO CONDUCTOR

La gran variedad de formatos admitidos tranquiliza a esta emprendedora, que, con gran ilusión, está dedicando su tiempo a conocer todos los aspectos relativos a la facturación por medios telemáticos. Montse es consciente de que pueden darse diferentes escenarios, por lo que pretende tener seguridad a la hora de abordarlos. Para ello, no duda en centrar ahora sus esfuerzos en conocer en qué consiste el intercambio electrónico de datos, una cuestión que se ha nombrado, pero que aún no le queda clara.

En el apartado anterior has tenido oportunidad de conocer un nuevo formato de factura electrónica denominado formato **EDI**.

Como ya se ha explicado, es un formato que se utiliza cuando la transmisión de la factura electrónica se realiza desde un ordenador a otro ordenador o, mejor dicho, desde un **sistema de facturación** normalizado a otro similar, con una **estructura específica y estandarizada**.

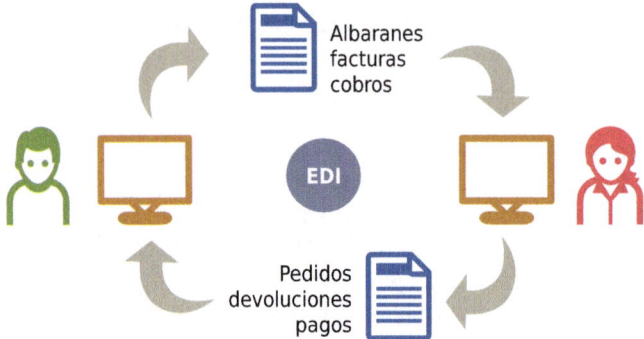

Gracias a EDI (Electronic Data Interchange) es posible emitir y recibir documentos correspondientes a una relación comercial de manera normalizada, y realizarlo entre sistemas informáticos sometidos a unos estándares internacionales.

NOTA

Esto significa que no siempre te encontrarás en un mismo contexto de facturación, dependiendo esto, en gran parte, de tus relaciones comerciales.

El hecho de que el sistema de transmisión de documentos sea normalizado hace que el sistema EDI se diferencie de otras fórmulas de intercambio de datos.

Este sistema no solo permite transferir y recibir facturas electrónicas, sino también documentos habituales provenientes de una relación comercial entre los que se encuentran los siguientes:

| Los pedidos | Los albaranes | Las facturas |
| Los inventarios | Los catálogos | Los precios |

IMPORTANTE

Además, este tipo de sistema de intercambio de datos permite establecer una relación en la que intervengan varias empresas, participantes o usuarios gracias a un lenguaje universal que facilita estas relaciones e intercambio de información.

Es importante que comprendas que todo este entramado está enfocado a generar un ecosistema de relaciones comerciales llamado sin papeles.

Sistema EDI

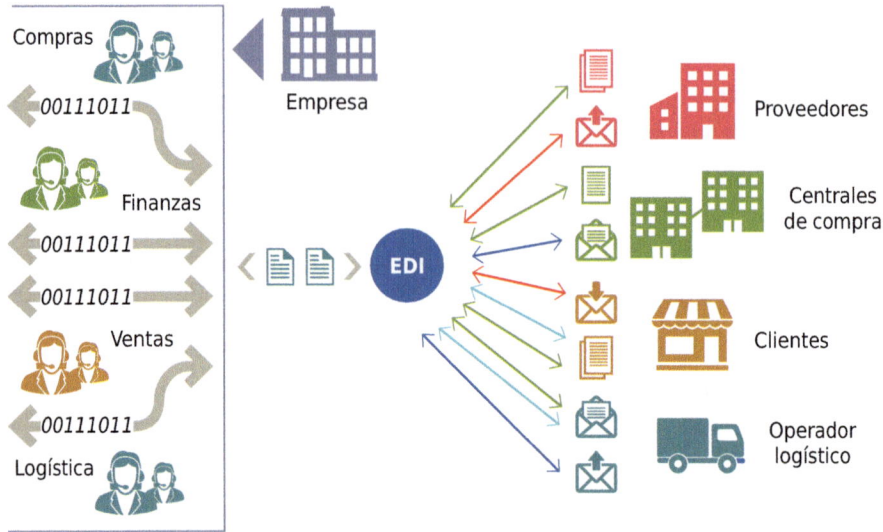

El **objetivo** final del EDI es poder intercambiar todos los documentos que se forman a raíz de las actividades económicas mediante un lenguaje común que facilite enormemente estas relaciones.

Es evidente, por tanto, que cualquier empresa o negocio que tenga implementado un sistema EDI contará con una ventaja competitiva de la que podrá extraer numerosos beneficios:

Velocidad de toma de decisiones	Internacionalización
- Gracias al modelo EDI, es posible pasar de la multigestión de documentos físicos a la simplificación mediante este sistema, que, por otra parte, facilita la comunicación entre clientes internos y externos. Esto es vital para la toma rápida de decisiones en una organización con multitud de tareas complejas.	- Gracias al lenguaje estandarizado y universal que utiliza el sistema EDI, es posible favorecer las relaciones comerciales internacionales, formando parte como negocio de una red de miembros en el mundo y pudiendo identificar rápidamente a los socios de manera inequívoca.

ACTIVIDAD COMPLEMENTARIA

3. Como estás pudiendo comprobar, el sistema EDI facilita la toma de decisiones rápidas, tan necesarias en el actual paradigma económico empresarial.

   Indaga sobre sobre algún área de decisión importante en la que la implantación del sistema EDI puede resultar muy favorecedor para el negocio.

Los requisitos necesarios para implantar un sistema EDI en tu negocio son los siguientes:

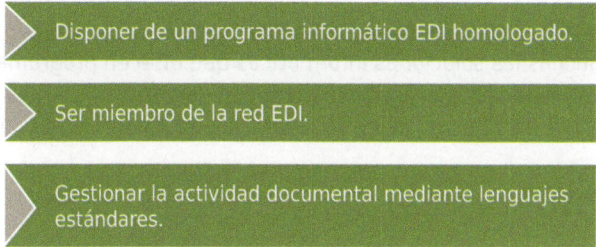

Como es normal, para poder trabajar con este sistema electrónico de datos, es necesario disponer de un programa específico que sea capaz de traducir al lenguaje universal estandarizado y característico del EDI todas aquellas transacciones propias de la actividad comercial.

 PARA SABER MÁS

Si deseas conocer más sobre el intercambio electrónico de datos (EDI) accede al siguiente enlace de la empresa eDiversa group, que explica sus características y presenta sus propias soluciones EDI:

Continúa en página siguiente >>

<< Viene de página anterior

https://redirectoronline.com/comt035po0226

 CONSEJO

Son muchas las soluciones informáticas que ofrecen programas para disponer de un sistema de intercambio electrónico de datos EDI; antes de decidirte por cualquiera de ellas, no dejes de valorarlas detenidamente y pide referencias.

 PARA SABER MÁS

El siguiente recurso te proporcionará numerosas opiniones de empresas que han podido comprobar los beneficios que han obtenido gracias a la implantación del sistema EDI como plataforma electrónica de transmisión de datos. Accede a través del siguiente enlace, seguro que podrás obtener valiosísima información.

https://redirectoronline.com/comt035po0206

Por otra parte, tal y como se ha mostrado, deberá ser requisito indispensable formar parte de la red EDI, a fin de poder ser identificado inequívocamente por el resto de los miembros participantes internacionalmente.

¿Pero cómo surge todo este entramado?

El intercambio electrónico de datos para administración, comercio y transporte (**EDIFACT**) nace en el ámbito de las Naciones Unidas con la idea de facilitar el intercambio de datos en el entorno de los negocios en el ámbito mundial.

Como bien sabes, las actividades empresariales y comerciales suponen un gran desarrollo para los países. Esta actividad hace posible que se generen grandes riquezas, pero al mismo tiempo también surgen grandes desigualdades. Con la idea de combatir estas deficiencias y favorecer un ecosistema global más acorde a los nuevos tiempos y los venideros, las Naciones Unidas ponen en marcha, tras numerosas reuniones y muchos entendimientos, lo que se ahora es el Reglamento EDIFACT.

Logotipo de las Naciones Unidas en su labor con EDIFACT

 **PARA SABER MÁS**

Si te apetece profundizar sobre EDIFACT accede al contenido del siguiente enlace:

Continúa en página siguiente >>

<< Viene de página anterior

https://redirectoronline.com/comt035po0227

- -

Por último, en este reglamento EDIFACT vienen establecidas las tipologías de las comunicaciones transmitidas y recibidas por los socios, que serán mediante un lenguaje propio a través de mensajes estándar.

Este lenguaje de comunicación EDI está compuesto por mensajes tipo *orders, invoic, genral* o *desadv,* entre otros.

 EJEMPLO

Aunque es evidente que no tendrás que aprendértelo de memoria, presentar estos ejemplos pueden servirte para ver cómo se instrumentaliza el envío de una factura electrónica a través de un mensaje EDIFACT. Accede al siguiente enlace para ver más información sobre EDIFACT y varios ejemplos ilustrativos:

https://redirectoronline.com/comt035po0228

- -

Sin embargo, para algunas empresas, y después de todo lo visto, quizá adoptar esta fórmula para la implantación de un sistema de facturación electrónica puede implicar un alto coste económico, por lo que suele usarse en sectores que requieren gran operatividad, como son el industrial, el far-macéutico y el sector de la industria del automóvil.

Además, no todo es de color de rosa, si no, fíjate bien en sus principales **inconvenientes:**

 Inconvenientes de las redes de valor añadido (EDI)

- Tanto el emisor como el receptor requieren de un EDI.
- No es aconsejable para pequeños volúmenes de facturación, por el coste de implantación.
- No todos los procesos son automáticos, algunos formatos de factura requieren una gestión manual.
- En ocasiones, es necesario que un tercero vele por las transacciones, para que puedan considerarse válidas.

 IMPORTANTE

EDI es también considerada como una de las **redes de valor añadido** más utilizadas para las empresas. Estas redes, reciben el nombre de **VAN** *(Value Added Network)*. El sistema EDI opera bajo una red segura de intercambio de datos, información y sobre todo transacciones entre empresas y organizaciones que están dentro de una misma red de valor añadido. Esto es posible a un gran acuerdo de interoperabilidad entre las empresas, permitiendo entre ellas la fluidez total de transacciones y operativas a nivel internacional.

Para concluir con el formato EDI y el intercambio electrónico de datos, es importante que puedas integrar definitivamente toda esta información dentro del gran contexto de facturación electrónica.

Debido a la diversidad de empresas, organizaciones, Administraciones y profesionales que forman parte del ecosistema de la facturación electrónica, se presentan diversos escenarios para la emisión y la recepción de facturas electrónicas.

Uno de estos escenarios seguro que te suena, se trata de la red de valor añadido (EDI) que recientemente acabas de ver.

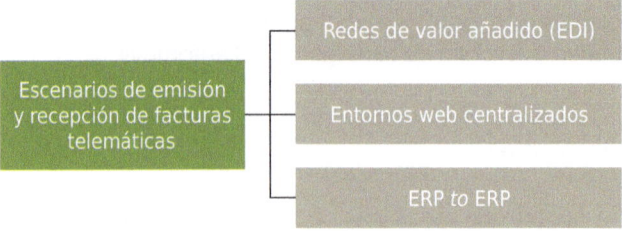

Pero ¿en qué consisten los otros dos?

Los **entornos web centralizados** se presentan como una solución evolucionada del sistema EDI, pero pudiendo ejecutar la tarea a través de servicios web junto con un gestor centralizado.

La solución está integrada en una aplicación web o a través de un acceso directo en el navegador. Este tipo de soluciones son, de alguna manera, un sistema centralizado que permite la transmisión y la recepción de documentos electrónicos, haciendo posible la gestión desde un mismo lugar de todos los recursos del negocio, entre ellos los documentos contables.

Pero también presenta algunas incompatibilidades:

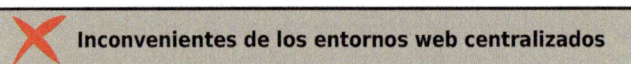

- Es el receptor el que tiene que asumir la solución.
- La solución es válida para un cliente, por lo que dificulta a los proveedores la gestión, ya que tienen que adaptarse a diferentes clientes.
- Existe una duplicidad de gestión, ya que los proveedores deben emitir la factura en un programa para alinearla con su sistema contable y posteriormente incluir de nuevo los datos de la factura en el espacio habilitado del cliente.
- En ocasiones, es necesario el reenvío de la factura en papel si no se cumple con los requisitos legales establecidos.

El tercer y último escenario presenta una solución de facturación telemática que permite la emisión y la recepción de las facturas electrónicas mediante programas comerciales o **aplicaciones** de **gestión** llamadas ERP.

Un sistema centralizado ERP, cuyas iniciales traducidas del inglés responden a la planificación de recursos empresariales, es un sistema global de información compuesto por varios subsistemas a través del cual una empresa integra muchas de las operaciones que se gestionan en ella, principalmente relacionadas con inventarios, logística, etc.

Esta solución, llamada **ERP *to* ERP**, está basada en una fórmula abierta que permite enviar y recibir facturas electrónicas a cualquier perfil de empresa o cliente, con la ventaja de no tener que habilitar ninguna solución informática. El formato estándar admitido es el XML y el proceso puede ser representado de esta forma:

Continúa en página siguiente >>

<< Viene de página anterior

Pero como todo no puede ser tan fácil, también esta última solución presenta el siguiente **inconveniente**.

> En alguna ocasión, es posible requerir los servicios de una autoridad de certificación para que realice las labores de cotejo y notariado de los trámites. También puedes encontrarte con alguna reticencia de las empresas al uso de este modelo abierto.

5. Las aplicaciones informáticas habituales

☞ HILO CONDUCTOR

Carlos, el vecino de oficina de Montse, no duda en enseñarle paso a paso cómo es el proceso de facturación electrónica mediante alguno de los programas más conocidos y utilizados. Son muchas las soluciones comerciales, pero Carlos, aprovechando que tiene que expedir una factura, quiere mostrarle lo sencillo y fácil que resulta utilizar una aplicación muy conocida.

- -

Como verás, el contexto en el que queda englobada la facturación electrónica se puede ir complicando; sin embargo, cualquiera de las soluciones planteadas en los diferentes escenarios presentados tratará de simplificar el complejo mundo de las relaciones comerciales.

Pese a ello, existen fórmulas crecientes de negocios que demandan soluciones de facturación mucho más asumibles y menos complejas.

Con el auge y el crecimiento del comercio electrónico, que sirve de cuna de muchos emprendedores para lanzarse a gestionar sus propios negocios desde una plataforma *online*, cada vez van cobrando más notoriedad las aplicaciones informáticas que permiten fácilmente facturar telemáticamente.

Seguidamente, vas a conocer uno de los *softwares* de facturación electrónica más populares y que, de manera gratuita, está a disposición de negocios y particulares. Con esta fórmula es posible poder facturar electrónicamente tanto a usuarios y empresas como a la misma Administración pública. Así pues, cualquiera que mantenga relaciones comerciales más institucionales, estará obligado a utilizar este **formato electrónico estructurado** llamado *Facturae.*

Para entrar en detalles y que culmines el aprendizaje sobre cómo emitir una factura electrónica, irás conociendo paso a paso el **proceso completo de facturación.**

Sin embargo, y antes de iniciar el proceso de expedición de la facturación electrónica, tendrás que **generar** el documento electrónico o **factura.**

A través de la aplicación de *Facturae* podrás crear la factura sin ningún tipo de problema, como verás más adelante, pero es interesante que analices cómo se estructuran los datos en el **formato *Facturae.***

Como orientación, puedes **descargarte** una pequeña guía en su versión en español sobre este tipo de formato. En ella, podrás obtener información sobre datos obligatorios y opcionales que deberán ser cumplimentados finalmente para construir definitivamente el documento digital en formato *Facturae.* En el siguiente enlace podrás acceder a ella.

https://redirectoronline.com/comt035po0211

Dato	Dato	Dato	Valor ejemplo
	Tipo persona		J
Identificación fiscal	Residencia		R
	Código de identificación		A2800056F
Referencia			-
Centros			-
	Razón social		Sociedad Anónima
	Nombre comercial		-
	Datos del registro		-
Datos personales		Dirección	c/ Alcalá, 137
		Código postal	28001
	Datos de domicilio	Población	Madrid
		Provincia	Madrid
		País	ESP
	Datos de contacto		-

Extracto de parte del contenido de un ejemplo del bloque emisor en la generación de una factura en formato Facturae

Una vez que te hayas descargado esta información, podrías comenzar a generar la factura electrónica siguiendo sus indicaciones, ya que muestra dos sencillos ejemplos que te podrían aclarar cualquier tipo de duda en relación con los datos que contiene el formato. Pero no te preocupes por todo esto, la operativa de facturación electrónica es mucho más sencilla, ya que desde la misma aplicación *Facturae* podrás ir creando fácilmente el documento.

Puede que te produzcan alguna confusión los términos **formato *Facturae* y aplicación *Facturae*.** El primero hace referencia al archivo electrónico (documento electrónico que sirve de contenedor de la factura) y el segundo corresponde al programa informático *(software)* que te permitirá emitir ese documento electrónico; de ahí la diferencia entre formato y aplicación.

 **VÍDEO**

Recientemente, se ha puesto a disposición de los usuarios una nueva aplicación web de creación de facturas para remitir a la Administración pública, *MiFacturae*. Accede al siguiente enlace de un vídeo tutorial básico sobre sus funciones.

Continúa en página siguiente >>

<< Viene de página anterior

https://redirectoronline.com/comt035po0229

Facturae es un programa que cuenta con una historia que ha ido mejorando a lo largo del tiempo. Es posible que si indagas por internet te encuentres con información relativa a varias versiones (la primera nació en el año 2008 y corresponde a la versión 1.0).

Tras la aceptación de la licencia y la selección del único componente que deberá estar siempre marcado (aplicación *Facturae),* se realizará la instalación del programa, pudiendo crear un enlace directo en el escritorio del ordenador.

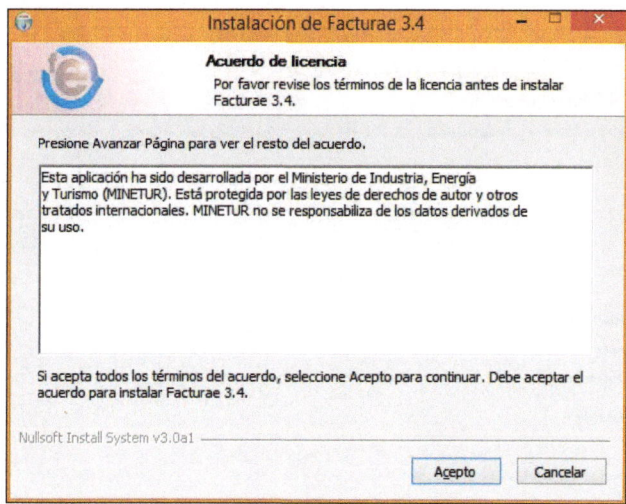

Ventana de aceptación de licencia del software de facturación Facturae

Al hacer clic en el icono de la aplicación que te aparecerá una vez que la tengas instalada, puede que sea entonces cuando el sistema te advierta que necesitas descargar Java. Si esto es así, simplemente déjate guiar por las instrucciones que van saliendo en la pantalla hasta que, una vez instalada, te permita ya acceder a la aplicación; será entonces cuando te pida que selecciones el idioma.

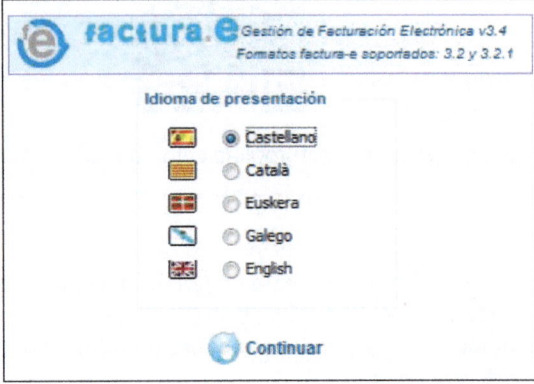

Ventana de selección de idioma del programa de facturación Facturae

A partir de este momento, y al darle a **Continuar**, te saldrá la pantalla inicial. Será desde esta ventana desde donde podrás navegar por la aplicación atendiendo a la situación de los estados de las facturas, a través del **Árbol de Facturas.**

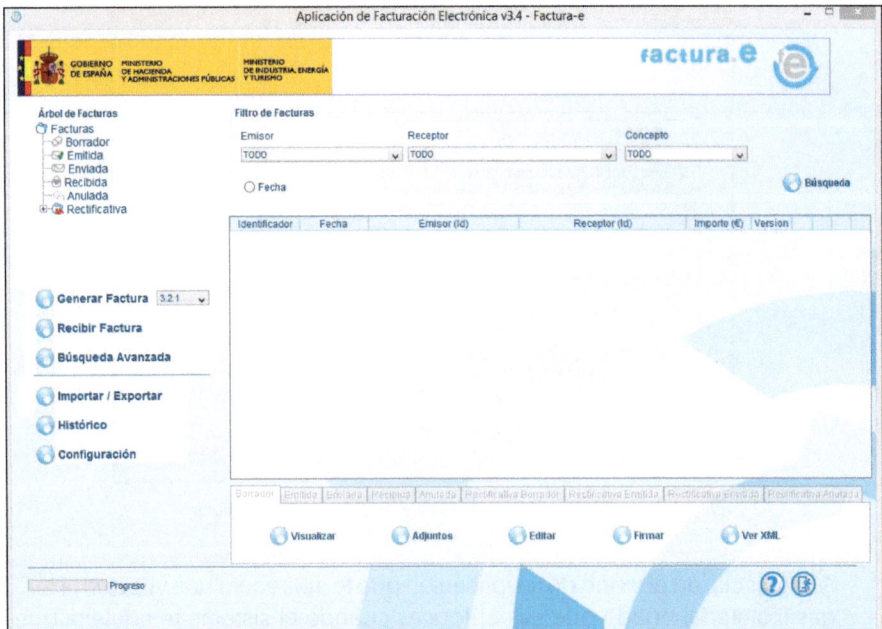

Ventana principal del software de facturación Facturae

NOTA

Si te fijas bien en la ventana inicial, abajo a la izquierda sale una barra de progreso. Esta irá avanzando a medida que vayas trabajando en el proceso de generación de la factura electrónica y su correspondiente envío.

Mediante *Facturae* podrás realizar numerosas **acciones adicionales** a los procesos de generación, emisión y recepción de facturas electrónicas. Algunas de ellas son las siguientes:

Operaciones complementarias
- Edición
- Rectificación
- Visualización de rectificaciones
- Incorporación de documentos adjuntos
- Reevío
- Anulación
- Visionado del formato XML de la factura
- Visionado del formato *Facturae* de la factura
- Impresión de facturas electrónicas
- Eliminación de borradores

En relación con la **edición,** esta acción está destinada a la modificación de algún archivo que se encuentra exclusivamente en borradores o bien a operaciones relacionadas con las rectificativas de borradores, posibilitando únicamente dos acciones tras la edición:

Guardar
- Una vez modificado o editado el documento, podrá ser nuevamente guardado en el borrador, solo que en esta ocasión el documento será nombrado como borrador editado, aunque conservará el identificador original.

Firmar
- Una vez modificado o editado el documento, podrá ser directamente firmado, generándose como una factura emitida, pero ya con los nuevos datos incorporados en la edición. En este caso, se le asignará a la factura un nuevo identificador distinto al original.

En cuanto a la **rectificación,** esta es exclusiva para el tratamiento de operaciones de facturas electrónicas ya enviadas. Es importante informar con una pequeña descripción del motivo que lleva a la rectificación y de si esta es completa o parcial, y, si es necesario, argumentar mediante alguna información más completa la causa que origina esta acción.

En la imagen puedes observar los campos específicos para explicar los motivos.

Ventana para realizar operaciones de rectificación con el programa de facturación Facturae

Respecto a la **visualización de rectificaciones,** corresponde a una operativa que permite ver las rectificaciones realizadas a facturas emitidas, enviadas o rectificativas de borradores.

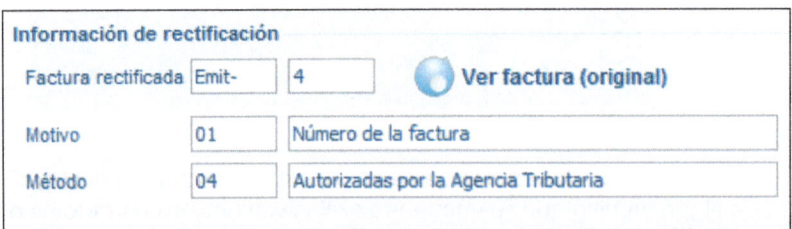

Ventana para visualizar operaciones de rectificación con el programa de facturación Facturae

Entre otras acciones complementarias está la de poder **incorporar documentos adjuntos.** Esta operativa está activa para poder adjuntar otros documentos asociados a la facturación, o también al borrador. El formato será PDF, pudiendo activar su codificación al tipo de formato XML.

Una vez incorporados los archivos, son fácilmente visibles y se identifican por la descripción manual que se haya incorporado en la casilla correspondiente.

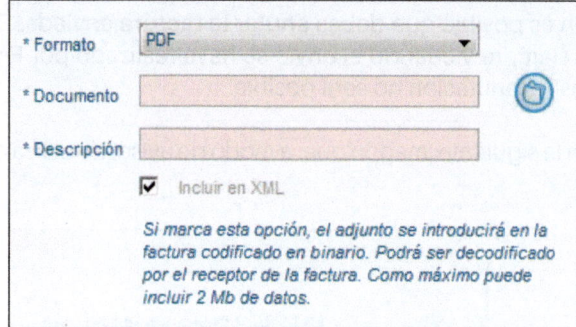

Ventana para realizar operaciones de incorporación de datos adjuntos con el programa de facturación Facturae

Si se te presenta una situación en la que tengas que rectificar una factura ya enviada o una rectificativa enviada, existe una opción que te permitirá **reenviar la factura** modificada.

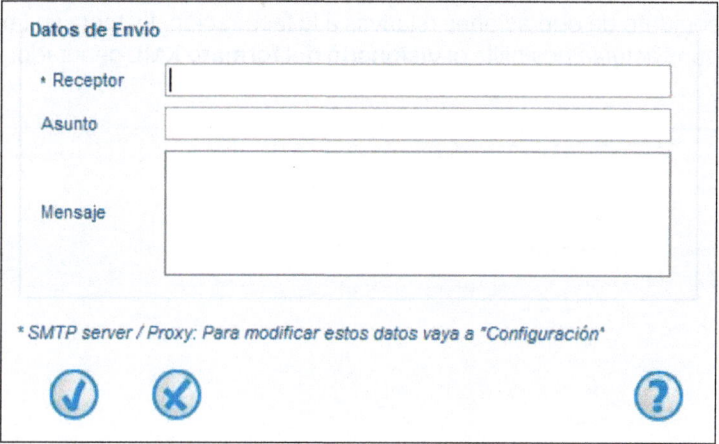

Ventana de reenvío de facturas cuando el receptor no es FACe

NOTA

En el apartado de lista de facturas se seleccionará la correspondiente para ser reenviada. Podrán reenviarse exclusivamente aquellas cuyo receptor sea FACe, de lo contrario, el reenvío deberá formularse mediante correo electrónico al destinatario, tal como muestra la imagen.

También es posible que debas **anular la factura** enviada. Esta opción será posible siempre y cuando el envío se haya realizado por FACe. En caso de no ser así, la anulación no será posible.

Fíjate en la siguiente imagen que, a modo de aviso, te realiza esa advertencia.

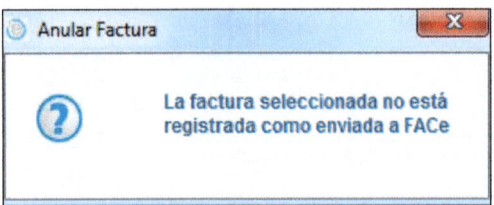

Ventana de aviso sobre operación de anulación de factura con el programa de facturación Facturae

Como recordarás, el archivo electrónico (formato) contiene, además de la factura, otros documentos relacionados con ella y que, en definitiva, son un conjunto de operaciones relativas a la facturación. Es tanta su importancia que *Facturae* posibilita el **visionado del formato XML** generado.

```xml
<?xml version="1.0" encoding="UTF-8" ?>
<fe:Facturae xmlns:ds="http://www.w3.org/2000/09/xmldsig#" xmlns:fe="http://www.facturae.es/Facturae/2009/v3.2/Facturae">
  <FileHeader>
    <SchemaVersion>3.2</SchemaVersion>
    <Modality>I</Modality>
    <InvoiceIssuerType>EM</InvoiceIssuerType>
    <Batch>
      <BatchIdentifier>A9784784344</BatchIdentifier>
      <InvoicesCount>1</InvoicesCount>
      <TotalInvoicesAmount>
        <TotalAmount>30.50</TotalAmount>
      </TotalInvoicesAmount>
      <TotalOutstandingAmount>
        <TotalAmount>30.50</TotalAmount>
      </TotalOutstandingAmount>
      <TotalExecutableAmount>
        <TotalAmount>30.50</TotalAmount>
      </TotalExecutableAmount>
      <InvoiceCurrencyCode>EUR</InvoiceCurrencyCode>
    </Batch>
  </FileHeader>
  <Parties>
    <SellerParty>
      <TaxIdentification>
        <PersonTypeCode>J</PersonTypeCode>
        <ResidenceTypeCode>R</ResidenceTypeCode>
        <TaxIdentificationNumber>A93885623</TaxIdentificationNumber>
      </TaxIdentification>
      <LegalEntity>
        <CorporateName>Bakgammon Games</CorporateName>
        <AddressInSpain>
          <Address>C/ Mayor 212</Address>
          <PostCode>28001</PostCode>
          <Town>Madrid</Town>
          <Province>Madrid</Province>
          <CountryCode>ESP</CountryCode>
        </AddressInSpain>
        <ContactDetails>
          <Telephone>91566666</Telephone>
          <TeleFax>91522222</TeleFax>
          <ContactPersons>Juan</ContactPersons>
```

Ejemplo de formato XML. Mediante el visionado es posible desgranar el mensaje codificado que contiene el archivo electrónico

NOTA

Igualmente, permite ver el mensaje codificado en **formato _Facturae_,** ya que se trata del formato propio que genera el programa una vez que has generado el documento.

Y para terminar con las principales operaciones complementarias que admite este interesante y sencillo programa, están las acciones de **imprimir los documentos** ya creados, ya sean estos enviados, recibidos o editados.

> _Facturae_ posibilita la opción de imprimir todas las facturas contenidas en la aplicación, pudiendo acceder a ellas mediante un listado de facturas.

CONSEJO

Es interesante que de vez en cuando elimines aquellos datos contenidos en borradores y cuyo uso ya no es necesario. Esta acción es permitida por _Facturae_, pudiendo acceder mediante ella a todo un listado que se va generando en el sistema.

Una vez que has instalado el _software_ de _Facturae_ y conoces algunas de sus funcionalidades, podrás iniciar el proceso para **generar la factura electrónica.**

Para la creación de la factura, deberás ubicarte en la ventana inicial y simplemente comenzar pulsando el botón **Generar Factura:**

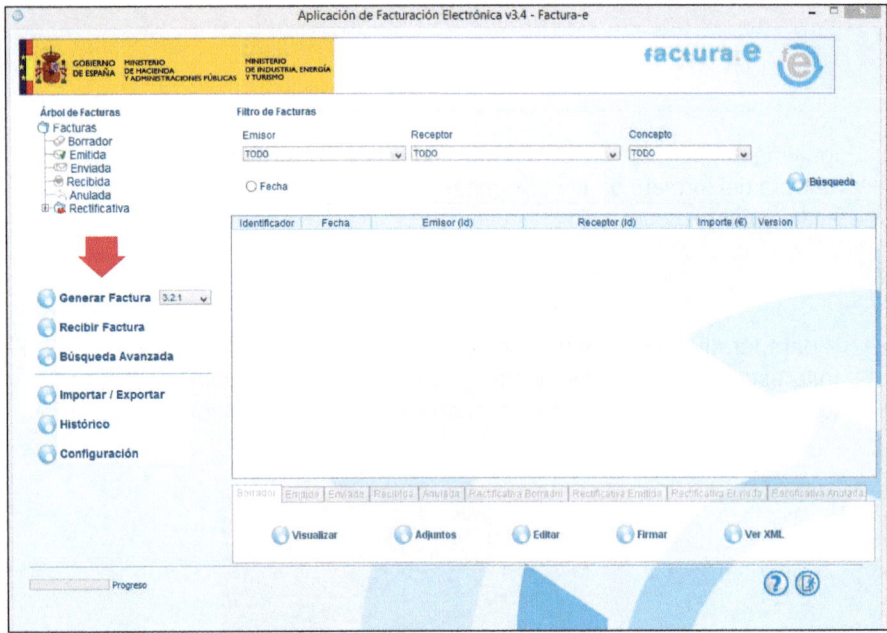

Ventana principal a través de la cual se accede a la operativa de generar la factura electrónica

Al acceder, y en esta primera pantalla, podrás cumplimentar los datos generales relativos a lo siguiente:

- Fecha de emisión.
- Fecha y lugar de operación.
- Periodo de facturación.

Automáticamente, el propio sistema asignará un número de factura que permitirá en cualquier momento su identificación; también se habilitarán los botones **Firmar** y **Guardar.**

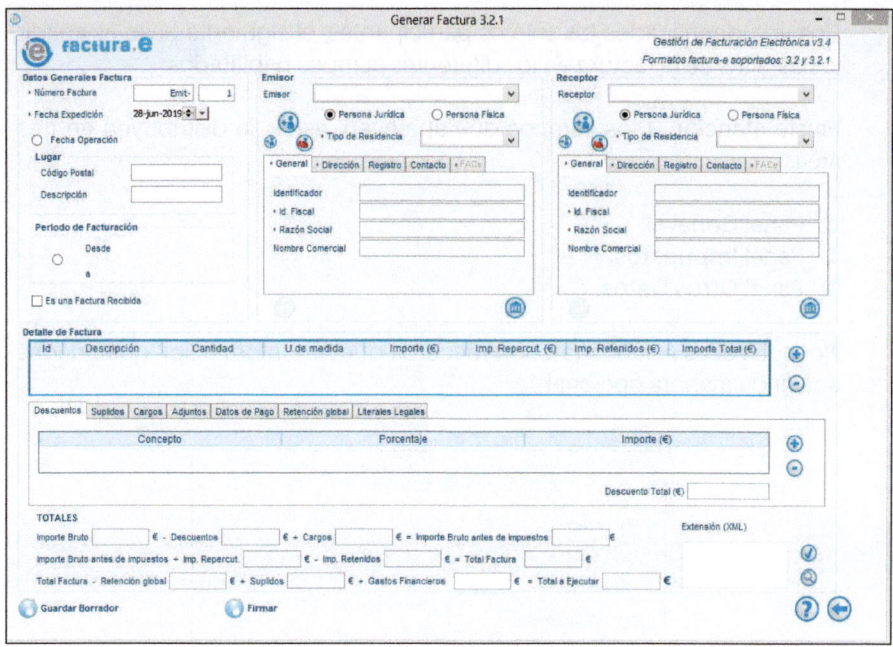

*Ventana a la que se accede cuando se pulsa el botón **Generar Factura***

Seguidamente, será posible identificar a las figuras que intervienen en la factura, como son el **emisor** y el **receptor**. Como el sistema permite ir elaborando una base de datos, es posible acceder a la búsqueda de los sujetos implicados; si fuera la primera vez que se establece esta relación comercial, habría que dar de alta todos los datos.

Detalle del apartado donde se introducen los datos relativos a los sujetos que intervienen en la facturación

Una vez identificados los sujetos participantes, el siguiente paso es añadir los detalles de la factura en los diferentes campos habilitados.

Presta atención a los campos que aparecen, estos se distribuyen en tres áreas:

- ➲ Panel **General.**
- ➲ Panel **Impuestos.**
- ➲ Panel **Otros Datos.**

No todos ellos son obligatorios; recuerda que hay información que puedes añadir de manera opcional.

Detalle del apartado donde se introducen los datos generales de la facturación

También puedes añadir información adicional. Si esta es muy extensa, es necesario utilizar el formato XML enfocado a incorporar datos relevantes relacionados con la facturación.

Simplemente, tendrás que introducir un fragmento de código y darle a la opción **Verificar;** de esta manera podrás validar esta incorporación.

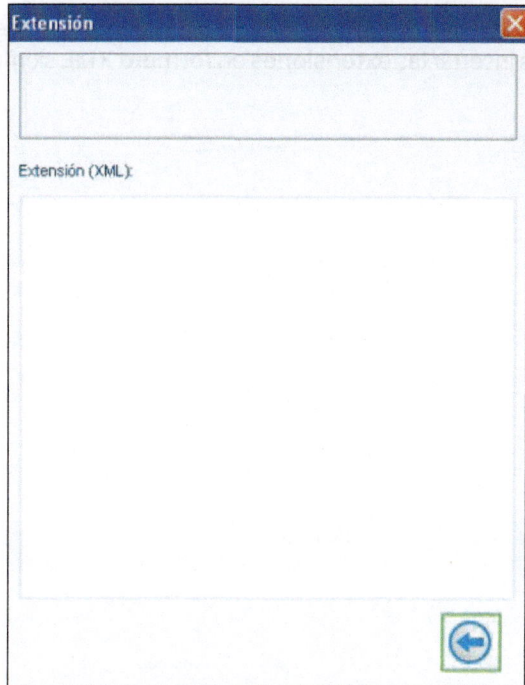

Detalle de la ventana donde será necesario introducir la porción de extensión para introducir datos complementarios de la factura.

Una vez llegado a este punto, podrás incluir información adicional utilizando los diferentes paneles que aparecen en el apartado **Datos Globales de la factura.**

Estos parámetros opcionales son los siguientes:

- ➲ Descuentos generales
- ➲ Cargos generales
- ➲ Adjuntos
- ➲ Datos de pago
- ➲ Retención global
- ➲ Literales legales
- ➲ Suplidos

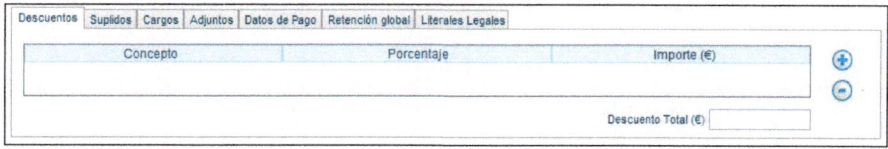

Detalle de la ventana donde aparece el área para poder insertar extensiones de factura

Debajo de esa misma pantalla, justo a la derecha, aparece el recuadro donde podrás insertar las **extensiones** en **formato XML** siempre que lo desees.

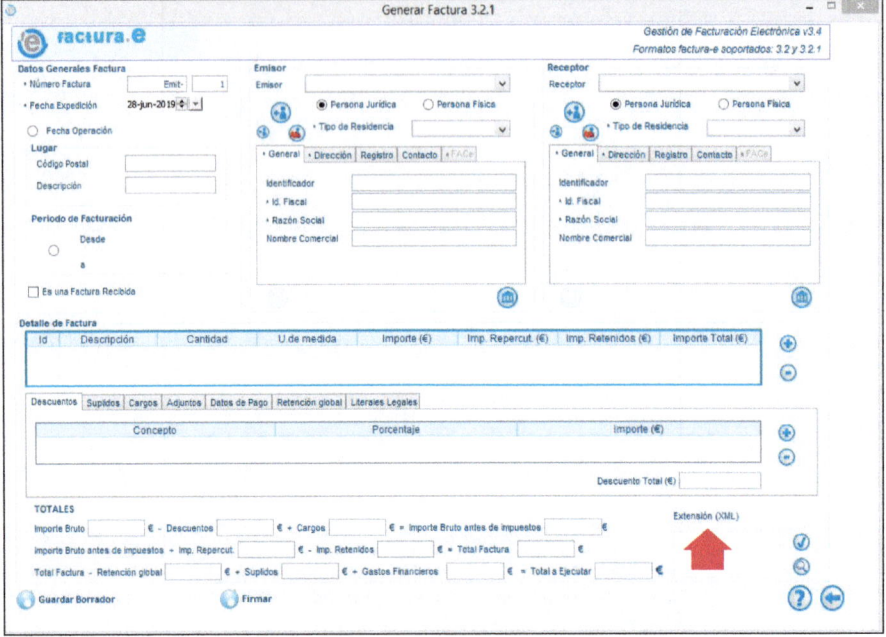

Detalle de la ventana de generación de facturas, donde aparece el área para poder insertar extensiones.

 **DEFINICIÓN**

Extensiones
Son partes de XML que sirven para ampliar el propio formato *Facturae*, tratando así de introducir más información de la estrictamente estipulada.

- -

Una vez generada la factura, el siguiente paso consistirá en la firma y el envío de esta. Pero ten en cuenta una cosa: solamente será considerada factura electrónica desde el momento en que pulses el botón **Firmar.**

IMPORTANTE

Una factura firmada será considerada la factura emitida.

- -

Para proceder a la firma de la factura generada desde el programa *Facturae*, únicamente será necesario que pulses el botón donde pone **Firmar**, justo debajo de la pantalla principal.

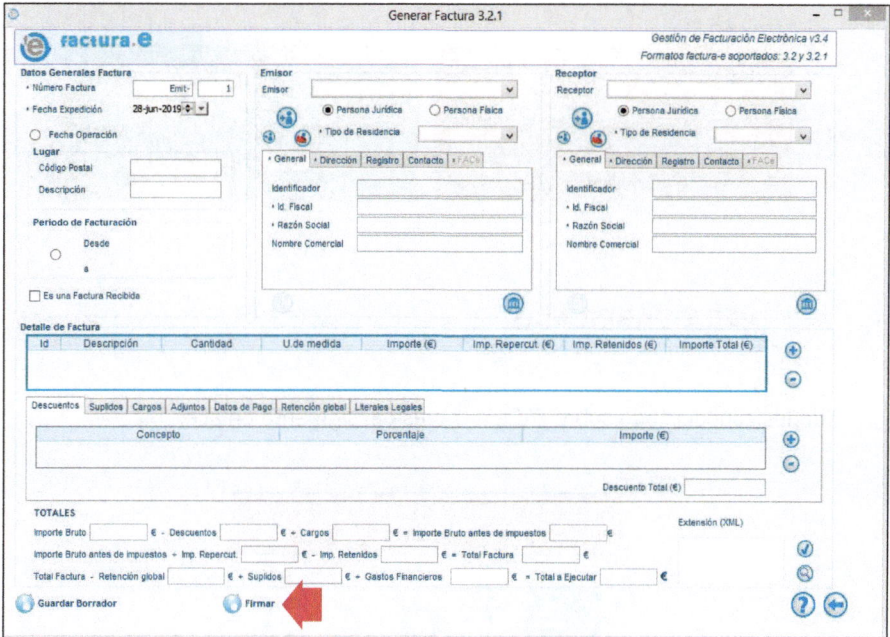

Detalle de la ventana principal de Facturae, donde aparece el botón para la firma de la factura previamente generada

Es en ese instante cuando una ventana te indicará que selecciones el certificado digital con el que deseas firmar.

RECUERDA

Previamente a todo este proceso deberás tener instalado en tu navegador tu certificado digital o el de tu empresa.

Una vez firmada la factura, aparecerá recogida en el sistema con la denominación de Emitida, quedando a la espera de que se produzca una de estas dos opciones:

Enviar la factura por medio de un correo electrónico o, en su caso, al FACe si se trata de una facturación a un organismo público.	Dejarla pendiente para ser rectificada para su posterior envío.

PARA SABER MÁS

Puedes conocer todo sobre FACe a través del siguiente enlace:

FACe

https://redirectoronline.com/comt035po0215

PARA SABER MÁS

Aunque has podido ver los principales pasos para facturar electrónicamente utilizando el programa de gestión de facturas *Facturae*, puedes profundizar en cada uno de los detalles que lo conforman gracias al siguiente manual. Accede al siguiente enlace y podrás descargar la guía completa más actualizada de *Facturae*:

https://redirectoronline.com/comt035po0217

Aunque ya dispones de suficiente información para poder facturar electrónicamente sin problemas, es cierto que existen hoy en día muchas **soluciones comerciales** que facilitan enormemente esta tarea.

A continuación vas a disponer de algunos ejemplos de *softwares* comercializados para su adquisición. Cada uno de ellos cuenta con características diferentes y alguno de ellos puede resultarte una buena alternativa si quieres disponer de un programa propio y mucho más personalizable que *Facturae*.

- ⮑ *SumUp:* es un programa de facturación utilizado por miles de usuarios. Además de ser una plataforma de facturación, permite integrar en ella todas las posiciones bancarias y, de esta manera, automatizar muchas tareas contables.

Logo de sumup

- ⮑ *Factura2.com:* si acabas de comenzar a facturar electrónicamente o bien estás buscando un *software* práctico y económico, puedes probar gratuitamente esta solución.

Se trata de un programa de facturación sencillo e intuitivo que permite administrar gastos e ingresos fácilmente a través de un cuadro de mando muy visual. Dispone, además, de una versión gratuita siempre y cuando la facturación no supere los 1.000 euros al mes.

Logo de Factura2.com

➲ **TPV gratuito 123:** otra interesante opción es la solución que ofrece la empresa TPV gratuito 123. Se trata de un programa de facturación muy orientado a pequeños y medianos negocios y profesionales autónomos. Al tratarse de una solución muy orientada a las pymes y los autónomos, además de la propia facturación, ofrece un buen servicio en la gestión de albaranes, pudiéndolos convertir desde la misma plataforma en facturas. Además, tiene asociado, si lo deseas, un servicio de TPV.

Imagen de TPV gratuito 123

➲ *Onerp:* este recurso, más que un programa de facturación, es una herramienta de gestión empresarial *online*.
Gestión de compras, almacén, CRM, contabilidad y, por supuesto, facturación, entre otras herramientas de gestión. Esto es lo que ofrece *onerp*, y mucho más. Puedes probar la versión gratuita durante quince días y comprobar si se trata del software que necesitas.

Logo de onerp

 **PARA SABER MÁS**

Si quieres conocer una lista de programas de facturación, además de los vistos, consulta el siguiente enlace:

https://redirectoronline.com/comt035po0222

6. Conservación de facturas electrónicas

 **HILO CONDUCTOR**

Es mucha la información obtenida, sin embargo, y como ha visto recientemente gracias a las indicaciones de su vecino, todo el proceso de facturación *online* es bien sencillo. ¿Qué hacer ahora con el archivo generado y que ha sido enviado? Con la respuesta a esta pregunta, Montse tendrá solucionadas todas las dudas. En breve iniciará su propio proceso de facturación, un gran paso para la deseada transformación.

A continuación, y una vez comprendido el proceso de facturación, los requisitos y la mecánica que lo hacen posible, llega el momento de abordar todos los aspectos relativos a la conservación de las facturas electrónicas.

Debes saber que existe la obligación de conservar las facturas y los justificantes que impliquen obligaciones fiscales relacionadas con tu actividad y formen parte de la contabilidad, tanto si has emitido las facturas como si las has recibido.

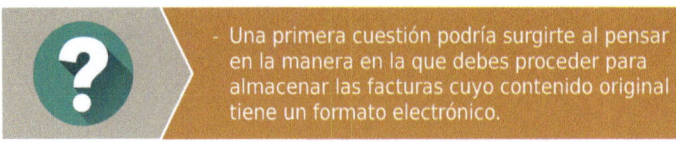

- Una primera cuestión podría surgirte al pensar en la manera en la que debes proceder para almacenar las facturas cuyo contenido original tiene un formato electrónico.

La respuesta es bien sencilla, y debe ajustarse al cumplimiento inicial de tres requerimientos:

- Debe conservarse el contenido original (ni fotocopias ni escaneo de originales).

- Deben conservarse de manera ordenada.

- Deben conservarse en un entorno que garantice lo siguiente:
    - La integridad del contenido.
    - La autenticación en origen.
    - La legibilidad.

IMPORTANTE

Lo realmente importante en la conservación de las facturas electrónicas es ofrecer siempre la posibilidad de verificar la validez y la autenticidad de los documentos, a fin de poder ser objeto de una acción tributaria, mercantil o penal.

- -

RECUERDA

Recuerda que garantizar la integridad, la autenticación y la legibilidad es posible mediante estas opciones:

- La firma electrónica avanzada.
- El sistema de intercambio electrónico de datos (EDI).
- La validación de la AEAT.

- -

Otra cuestión que hay que plantear es el **plazo** de **conservación** de las facturas y todos los documentos que pudieran concernir.

En función del ámbito legal, la conservación de documentos estará sometida a plazos diferentes.

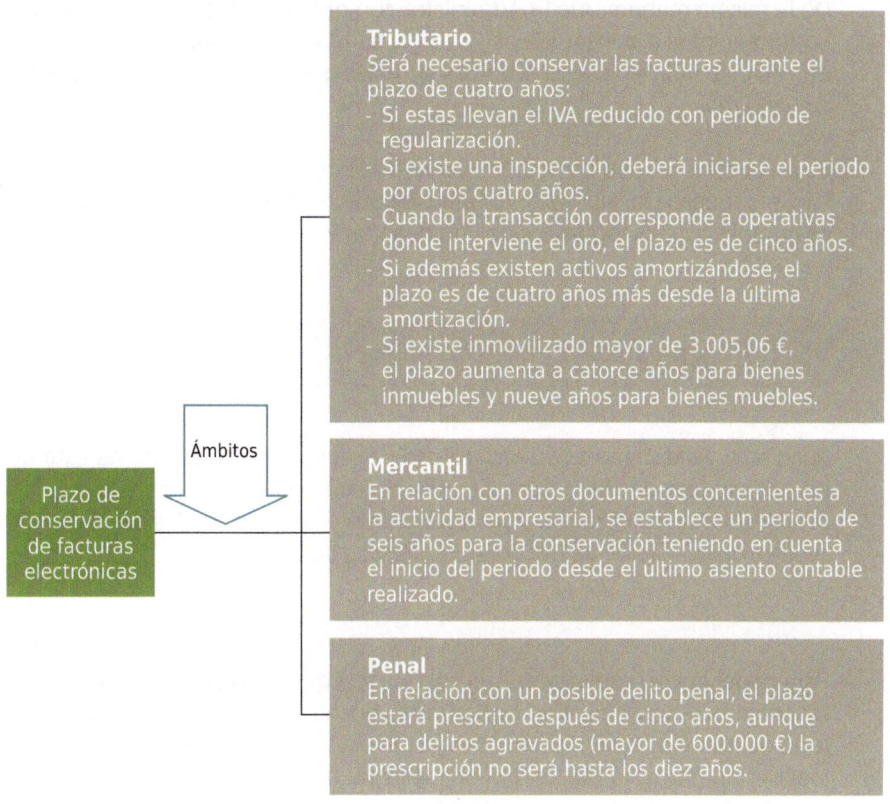

Tributario
Será necesario conservar las facturas durante el plazo de cuatro años:
- Si estas llevan el IVA reducido con periodo de regularización.
- Si existe una inspección, deberá iniciarse el periodo por otros cuatro años.
- Cuando la transacción corresponde a operativas donde interviene el oro, el plazo es de cinco años.
- Si además existen activos amortizándose, el plazo es de cuatro años más desde la última amortización.
- Si existe inmovilizado mayor de 3.005,06 €, el plazo aumenta a catorce años para bienes inmuebles y nueve años para bienes muebles.

Mercantil
En relación con otros documentos concernientes a la actividad empresarial, se establece un periodo de seis años para la conservación teniendo en cuenta el inicio del periodo desde el último asiento contable realizado.

Penal
En relación con un posible delito penal, el plazo estará prescrito después de cinco años, aunque para delitos agravados (mayor de 600.000 €) la prescripción no será hasta los diez años.

Ámbitos

Plazo de conservación de facturas electrónicas

IMPORTANTE

La conservación de la factura por parte del emisor o el receptor o bien si es encomendada a un tercero, estará condicionada al artículo 19 del Reglamento por el que se regulan las Obligaciones de Facturación, aprobado por el Real Decreto 1619/2012, de 30 de noviembre.

Los sistemas informáticos que soporten procesos de facturación deben garantizar, además de la integridad y la trazabilidad de los registros de facturación, la conservación mediante su almacenamiento en el mismo sistema informático, en un soporte físico exterior adecuado o mediante el envío telemático a otro sistema informático.

De la misma manera que la Administración obliga en la facturación de sus contribuyentes a conservar las facturas, es muy importante que recuerdes que en este momento será el emisor de estas quien tiene la responsabilidad de validarlas.

Esta validación tiene por objeto dificultar al máximo posibles estafas. Para ello, el proceso de validación pretende comprobar que la factura electrónica cumple con los requisitos de codificación y de seguridad de datos.

 CONSEJO

Aunque la validación es responsabilidad del emisor de la factura, no está de más comprobar que la factura electrónica recibida cumple con los requisitos establecidos de codificación. Para realizar esta operación puedes hacer uso del servicio de validación de facturas electrónicas de FACe.

Para concluir con este aprendizaje, y una vez que el plazo de conservación ha concluido, ya es posible que puedas deshacerte de los archivos, sobre todo de aquellos que puedan comprometer la seguridad en lo que a la protección de datos se refiere. No olvides que una factura contiene información sujeta al tratamiento de datos de carácter personal, y la LOPDGDD (Ley Orgánica 3/2018, de 5 de diciembre, de Protección de Datos Personales y garantía de los derechos digitales) junto con el Reglamento General de Protección de Datos (Reglamento (UE) 2016/679, de 27 de abril de 2016, RGPD), son muy exigentes al respecto.

 TAREA 2

Una empresa emergente de Almería dedicada a la comercialización de frutas y verduras de su huerta ecológica comienza a recibir pedidos desde fuera de su

Continúa en página siguiente >>

<< Viene de página anterior

comunidad autónoma. Este negocio tiene la logística fuertemente preparada para asumir estos servicios; sin embargo, y para agilizar el área contable y reducir el tiempo de cobro, optan por introducir las facturas electrónicas y, para ello, comienzan a enviar por correo electrónico sus facturas escaneadas. Pero es entonces cuando empiezan a surgir algunos problemas: estas facturas no son aceptadas por los destinatarios, principalmente firmas de supermercados de cierto renombre europeo y una ONG estatal.

En función de esto, ¿podrías indicar qué podría causar estas incidencias que pueden poner en peligro la actividad comercial? Para ello, especifica los requerimientos para facturar electrónicamente, distingue este escenario entre otros que dan como resultado diferentes modelos de facturación y selecciona la mejor solución para la emisión de facturas electrónicas dentro de este contexto. Además, indica alguna aplicación informática que sirva de plataforma para hacer viable la facturación *online* de este negocio.

7. Resumen

Para poder expedir una **factura electrónica** es necesario contar con la firma electrónica avanzada o bien con la firma electrónica cualificada, pero en ambos casos deben estar basadas en un **certificado electrónico cualificado** que garantice la autenticidad en origen y la integridad del contenido del documento emitido telemáticamente.

Además de la firma, será requisito indispensable contar con un programa informático, aunque existen otras fórmulas claramente especificadas mediante las cuales también es posible realizar este tipo de **facturación** *online:*

Sea cual sea el método elegido para facturar, la información debe ser transmitida telemáticamente, por lo que será necesario generar la factura en un **formato electrónico.** Estos formatos pueden ser diversos, pero todos deben poder soportar el contenido legal correspondiente a la factura electrónica.

Por otra parte, existe otra forma de clasificar los tipos de formatos de factura electrónica en dos grupos diferentes; unos serán los **estructurados** y los otros se llamarán **no estructurados.**

Los primeros son aquellos que pueden enviarse automáticamente con soluciones informáticas de facturación electrónica.

Los segundos son aquellos otros presentados en forma de imagen (escaneo de facturas físicas) y cuyo procesamiento tendrá que realizarse manualmente, ya que son formatos complicados para ser leídos informáticamente. También es posible disponer de una solución compleja de facturación de firma que admita este tipo de formato y lo procese de forma automática.

Debido a la diversidad de empresas, organizaciones, Administraciones y profesionales que forman parte del ecosistema de la facturación electrónica, se presentan diversos escenarios para la emisión y la recepción de facturas electrónicas:

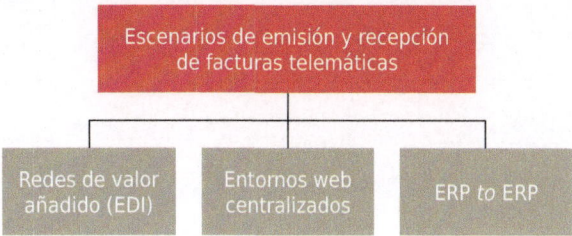

Cada uno de estos escenarios utiliza mecanismos diferentes para realizar el proceso de facturación, tanto para la emisión como para la recepción de facturas, y presentan grandes ventajas, pero también algunos inconvenientes.

No obstante, el programa de facturación más utilizado es *Facturae,* debido a su versatilidad y fácil manejo, pues permite facturar tanto a empresas como a administraciones públicas o a usuarios.

Ejercicios de autoevaluación
Unidad de Aprendizaje 2

1. **Indica si las siguientes afirmaciones son verdaderas o falsas:**

   a. La incorporación de un sistema de facturación electrónica a la rutina diaria del negocio facilita la transformación digital exigida en este nuevo paradigma económico y empresarial, traduciéndose todo esto en procesos administrativos más eficientes y conduciendo al negocio por el camino hacia el éxito empresarial.

   - Verdadero
   - Falso

   b. Es posible iniciar los trámites de facturación electrónica si se dispone de una firma electrónica avanzada o una cualificada, siempre y cuando ambas estén basadas en un certificado electrónico cualificado.

   - Verdadero
   - Falso

   c. El certificado electrónico cualificado es un archivo informático creado y firmado electrónicamente por cualquier tipo de entidad o empresa.

   - Verdadero
   - Falso

2. **El proceso de factura electrónica es posible realizarlo...**

   a. ... mediante un programa informático específico.
   b. ... mediante un prestador de servicios.
   c. ... mediante la autofacturación.
   d. Todas las opciones son correctas.

3. La factura en formato electrónico expedida por el destinatario o por un tercero recibe el nombre de...

    a. ... factura autentificada.
    b. ... autofactura.
    c. ... factura autenticada.
    d. Todas las opciones son incorrectas.

4. Para la autofacturación es necesario...

    a. ... contar con el consentimiento expreso del responsable de la empresa que realizó la operación objeto de la factura.
    b. ... que el empresario que realizó la operativa envíe copia de la factura al cliente.
    c. ... contar con un acuerdo entre las partes implicadas en el que el empresario que ejecuta el trabajo que cobrar autorice al destinatario del servicio la expedición de las facturas relativas al trabajo recibido.
    d. Todas las opciones son incorrectas.

5. En el documento electrónico de la autofactura debe figurar...

    a. ... el número de la factura con un número de serie diferente a las presentadas por el método tradicional.
    b. ... la expresión «Facturación por el destinatario».
    c. ... el concepto «Factura» y nunca el de «Autofacturación».
    d. Todas las opciones son correctas.

6. Para facturar electrónicamente a particulares, es necesario...

    a. ... tener el consentimiento del usuario para la aceptación de la factura, aunque este no sea un consentimiento expreso.
    b. ... generar procesos simples, aunque supongan un coste para el receptor, a fin de que pueda revocar el consentimiento en cualquier momento.
    c. ... posibilitar que el particular pueda consultar la factura electrónica, al menos durante los tres próximos años después de su emisión, independientemente de que haya finalizado en ese periodo la relación.
    d. Todas las opciones son correctas.

7. Aquel formato de factura electrónica que puede enviarse automáticamente con soluciones informáticas de facturación se denomina...

a. ... formato de factura electrónica no estructurada.
b. ... formato de factura electrónica estructurada.
c. ... formato simplificado de factura electrónica.
d. Todas las opciones son incorrectas.

8. El Árbol de Facturas es...

a. ... el área de la ventana principal del programa Facturae desde donde pueden consultarse las facturas según el estado en el que se encuentran.
b. ... un programa de facturación electrónica.
c. ... un esquema de los tipos de facturas electrónicas que han existido a lo largo del tiempo hasta la actualidad.
d. Todas las opciones son incorrectas.

9. Se considerará que es una factura electrónica cuando...

a. ... se haya firmado el documento.
b. ... se haya generado el documento.
c. ... se haya validado el documento.
d. Todas las opciones son correctas.

10. En cuanto a la conservación de las facturas electrónicas...

a. ... debe conservarse el contenido original, no sirven ni fotocopias ni escaneo de originales.
b. ... deben conservarse de manera ordenada.
c. ... deben conservarse en un entorno que garantice la integridad del contenido, la autenticación en origen y la legibilidad.
d. Todas las opciones son correctas.

Glosario

Add-in
Un complemento de *software* informático que posibilita la administración de facturas en formato XML cumpliendo con los requisitos normativos.

Autenticación en origen
Es la maniobra informática de seguridad mediante la cual es posible asegurar en el envío telemático de información o documentos que la persona, ya sea física o jurídica, que firma el documento (factura electrónica) es quien dice ser.

Autofactura
Es una factura en formato electrónico que es emitida por el destinatario de esta o por un tercero.

Autoridad de certificación
Entidad de confianza o tercera parte confiable, además del emisor y el receptor, que consigue que estos sujetos se confíen entre sí.

Base imponible
Corresponde al precio de los productos o los servicios prestados más los gastos inherentes a la operación.

Caducidad del certificado electrónico
Finalización del periodo de validez del certificado.

CERES
Es un organismo público dependiente de la FNMT que emite certificados reconocidos por gran parte de la Administración pública y brinda los servicios de certificación a empresas públicas y privadas atendiendo a los principios de la seguridad informática y de la información.

Certificado Ciudadano

Identifica a una persona física. Dirigido a la ciudadanía y orientado a facilitar trámites personales, aunque también pueden ser trámites profesionales.

Certificado de persona jurídica

Identifica a una persona jurídica. Dirigido a todo tipo de organizaciones y Administraciones. Facilita la identidad jurídica para la realización de infinidad de trámites telemáticos.

Certificado electrónico

Es aquel certificado digital firmado por un prestador de servicios electrónicos de confianza (también puede ser un DNI electrónico) que valida la identificación inequívoca de su depositario mediante dos claves de seguridad. Este certificado confirma la identidad y certifica que la firma electrónica de un documento corresponde a una persona física o jurídica concreta.

Certificado electrónico cualificado

Es un archivo informático creado y firmado electrónicamente por un prestador de servicios electrónicos de confianza.

Certificado de entidad sin personalidad jurídica

Este tipo de certificado relaciona al firmante con unos datos de verificación de firma, permitiendo su identidad, y puede ser usado en transferencias telemática de datos para el ámbito tributario.

Cl@ve

Es una plataforma de verificación telemática que identifica y autentifica a los usuarios.

Certificados *software*

Es el certificado que puede ser descargado y guardado en un dispositivo de almacenamiento USB, en el almacén de certificados del ordenador o en su disco duro.

Cius invoive usage specification (CIUS)

CIUS es una versión del estándar anterior con algunos campos restringidos o cerrados y otros abiertos (datos restringidos cerrados pueden ser la forma de pago u opciones). Lo ideal es evitar las opciones o disminuirlas al máximo a fin de no causar inoperatividad.

Clave privada

Es una clave que forma parte de un sistema criptográfico y que debe ser protegida por su dueño, no siendo revelada a ningún otro usuario del sistema red.

Clave pública
Es una clave que forma parte de un sistema criptográfico y que es conocida por cualquier usuario del sistema red.

Claves de seguridad
Son claves que forman parte de un sistema criptográfico y cuyo objetivo es cifrar y descifrar el contenido de un archivo.

Confidencialidad
Es una prestación de seguridad que garantiza que una información, un mensaje o unos datos no pueden ser entendidos ni legibles por alguna persona diferente que no sea su destinatario.

CORE
Componente básico de información estandarizada obligatoria en cada factura emitida electrónicamente en el ámbito europeo.

Criptografía
Es una ciencia especializada que estudia el conjunto de propiedades ocultas de un mensaje cifrado para proteger la información que contiene, aportando seguridad a este intercambio de datos entre emisores y receptores.

Datos
Elemento que contiene una información y permite acceder al conocimiento de un hecho.

Democratización
Es un proceso por el cual se hace accesible un elemento, un objeto, un servicio o una prestación a la sociedad y a los individuos que la componen.

Digitalización certificada de facturas
Procedimiento que dota de validez legal a facturas de papel digitalizadas ante la autoridad tributaria para ser emitidas telemáticamente.

Eliminación de un certificado electrónico
Proceso en el que se quita definitivamente el certificado de una tarjeta criptográfica o del ordenador, dejándolo sin efecto, a no ser que se haya procedido con anterioridad a realizar una copia de seguridad.

Entornos web centralizados
Se presentan como una solución evolucionada del sistema EDI, pero pudiendo ejecutar la tarea a través de servicios web junto con un gestor centralizado.

Estaciones EDI

Son soluciones de servicios de telecomunicación que cumplen las expectativas de los actuales requerimientos de comunicaciones telemáticas. Sus siglas EDI responden a intercambio electrónico de datos, y sus principales características son la velocidad de transmisión y la validez de formato de documentos.

Exportar un certificado electrónico

Proceso en el que un archivo de certificado electrónico es llevado a otro medio de almacenamiento con idea de tener una copia de seguridad.

Extensiones Facturae

Son partes de XML que sirven para ampliar el propio formato *Facturae,* tratando así de introducir más información de la estrictamente estipulada.

FACe

Punto General de Entrada de Facturas Electrónicas de la Administración General del Estado que permite que las empresas facturen a la Administración a través de ella.

Factura electrónica

Es un archivo digital o documento electrónico firmado digitalmente con un certificado electrónico cualificado y que equivale funcionalmente a la factura en papel. Este documento responde igualmente como justificante de entrega de productos o de la prestación de servicios, pero que, utilizando un sistema de procesamiento y transmisión entre el emisor y el receptor a través de medios telemáticos, garantiza los requisitos establecidos en la ley para tal cuestión.

Facturae

Programa informático de facturación electrónica facilitado por la Administración que permite su uso por usuarios, empresas y profesionales autónomos.

Factura electrónica con formato estructurado

Son aquellas que pueden enviarse automáticamente con soluciones informáticas de facturación electrónica.

Factura electrónica con formato no estructurado

Son aquellas otras presentadas en forma de imagen (escaneo de facturas físicas) y cuyo procesamiento tendrá que realizarse manualmente, ya que son formatos complicados para ser leídos informáticamente. También es posible disponer de una solución compleja de facturación de firma que admita este tipo de formato y lo procese de forma automática.

Firma electrónica
Es un procesamiento electrónico de datos que, ligado a un documento digital, da como resultado la firma electrónica de este. Cuenta con eficacia jurídica y presta servicios de verificación.

Firma electrónica avanzada
Es la firma electrónica que identifica al usuario firmante, pero puede revelar si ha habido algún cambio de los datos posterior a la firma. Esta tecnología le concede valor jurídico porque vincula la firma del usuario firmante y los datos firmados de manera exclusiva.

Firma electrónica cualificada
Es la firma electrónica similar a la avanzada, pero con la objeción de que está soportada por un certificado electrónico cualificado. Además, ha sido generada con total seguridad por un dispositivo de creación de firma. Ante la ley, tiene eficacia jurídica y además tiene la misma validez que la firma manuscrita, con la diferencia de que no puede ser falsificada.

Firma electrónica simple o básica
La firma electrónica que identifica al usuario firmante y este queda reflejado en el documento.

Formato electrónico de factura
Hace referencia al archivo o documento electrónico que sirve de contenedor de la factura.

FNMT-RCM
Iniciales correspondientes a la Fábrica Nacional de Moneda y Timbre - Real Casa de la Moneda.

Formato avanzado de firma electrónica
Es el formato de firma que contiene información sobre el documento, pero además incorpora nuevos elementos tecnológicos que hacen que estos mecanismos utilicen un leguaje programático más complejo, permitiendo el intercambio de información entre sistemas informáticos automatizados.

Formato de firma electrónica
Es la manera en la que se da forma al documento de firma, cómo se estructura y organiza la información que contiene y cómo se guarda.

Formato *Facturae*
Formato electrónico de la Agencia Tributaria con firma electrónica y validación jurídica.

Función *hash*

Es un proceso informático de reducción de tamaño de datos en una porción de información.

Gastos incluidos

Son los gastos que forman parte de la base imponible y se suman al importe del producto o servicio.

Gastos suplidos

Son los gastos que asume el cliente, pero que los anticipa el negocio, como, por ejemplo, el servicio de mensajería o transporte de mercancías.

Integridad del documento

Resultado de dotar de protección y seguridad al documento firmado electrónicamente, permaneciendo este íntegro e inalterable y no pudiendo ser manipulable posteriormente.

Instalación del certificado electrónico

Proceso en el que, una vez que la autoridad de certificación ha expedido el certificado, el usuario procede a descargarlo.

Importación del certificado electrónico

Proceso en el que se instala en el navegador el certificado previamente descargado en un dispositivo de almacenamiento externo o interno del ordenador.

IVA general

Impuesto que corresponde al 21 % según el art. 90.1 Ley 37/1992, de 28 de diciembre.

IVA superreducido

Impuesto que corresponde al 4 % según el art. 91.Dos Ley 37/1992, de 28 de diciembre.

No repudio

Garantía que impide que, una vez firmado electrónicamente un documento, este pueda ser repudiado por el firmante, no posibilitando la opción de no reconocerlo posteriormente.

Obtención del certificado electrónico

Proceso en el que se solicita el certificado electrónico a un prestador de servicios electrónicos de confianza.

Organismo de supervisión
Es un órgano que tiene la función de verificar que los prestadores de servicios electrónicos de confianza cualificados cumplen con lo establecido en la normativa.

Paradigma
Modelo o patrón seguido por una comunidad.

Paradigma digital
Un nuevo concepto tecnológico en el que la tecnología digital cobra protagonismo y se asienta en el quehacer diario de las personas y las empresas.

Prestador cualificado de servicios electrónicos de confianza
Son todos aquellos prestadores de servicios electrónicos de confianza que encajan en las categorías del reglamento europeo.

Prestador no cualificado de servicios electrónicos de confianza
Son todos aquellos prestadores de servicios electrónicos de confianza que no encajan en las categorías del reglamento europeo.

Recargo de equivalencia
Es un recargo que se aplica, dependiendo del IVA, para la tributación por módulos.

Renovación de un certificado electrónico
Posibilidad de mantener válido el certificado siempre y cuando la renovación se realice antes de su caducidad.

Revocación de un certificado electrónico
Anula la validez del certificado durante su periodo de vigencia si se sospecha de pérdida, robo o manipulación por terceras personas.

Sellado de tiempo
Es una técnica probatoria para poder demostrar que un dato electrónico coexistió en un momento determinado durante el proceso de emisión, transmisión y recepción de este, y que jamás fue modificado, garantizando la integridad y la exactitud de la información.

Sistema centralizado ERP
Un sistema centralizado ERP, cuyas iniciales traducidas del inglés responden a planificación de recursos empresariales, es un sistema global de información compuesto por varios subsistemas a través del cual una empresa integra muchas de las operaciones que se gestionan en ella, principalmente relacionadas con inventarios, logística, etcétera.

Sujeto pasivo

Es la empresa, negocio o profesional autónomo que vende el producto o presta el servicio.

Suspensión del certificado electrónico

Permite dejar sin efecto la validez del certificado durante un plazo determinado de tiempo.

Técnica

Arte o habilidad. Destrezas con las que se cuenta para realizar un trabajo o una labor.

Tecnología

Instrumentos, recursos o procedimientos procedentes de la innovación científica que facilitan el progreso del campo o sector donde se apliquen.

Transformación digital

Proceso de cambio al que se somete una persona física o jurídica mediante el uso de las tecnologías.

Usuario

Persona física o jurídica que utiliza internet como medio recurrente.

Validez de un certificado electrónico

Es el intervalo de tiempo en el que el certificado tiene validez y, por tanto, da acceso a numerosos trámites.

Validez jurídica

Alude a que un procedimiento se ajusta a derecho, alineando la práctica del proceso con la teoría de la norma.

Visión global

Capacidad que posee una persona para identificar nuevas oportunidades de negocio en un entorno global.

Bibliografía

Textos electrónicos, bases de datos

→ *Adobe Acrobat Reader DC*, de: <https://get.adobe.com/es/reader/>.

  Programa informático que ofrece soluciones para el tratamiento y la gestión de documentos.

→ AEAT: *Softwares homologados para la digitalización certificada de facturas* , de: <https://sede.agenciatributaria.gob.es/Sede/todas-gestiones/beneficios-fiscales-autorizaciones/facturacion-libros-registros/homologacion-software-digitalizacion-certificado-facturas_/softwares-homologados-digitalizacion-certificada-facturas.html>.

  Listado de software homologados por la Agencia Tributaria para la digitalización de facturas.

→ AECOC: Necesito una factura electrónica – EDI , de: <https://www.aecoc.es/necesito-factura-electronica/>.

  Infografía sobre el funcionamiento de la factura EDI.

→ AEAT: *Tipos impositivos en el IVA* , de: <https://sede.agenciatributaria.gob.es/Sede/iva/calculo-iva-repercutido-clientes/tipos-impositivos-iva.html>.

  Listado con comparativas de la evolución del IVA aplicado en España según sectores.

→ Alisys: *Sellado de tiempo*, de: <https://www.alisys.net/es/familias-de-soluciones/alisys-engineering/sellado-de-tiempo>.

  Aplicación informática de uso *online* que permite probar que un conjunto de datos existió en un momento determinado y que no ha sido modificado posteriormente.

→ *CERES - Certificación Española* , de: <https://www.cert.fnmt.es/>.

  Entidad pública de certificación que permite autentificar y garantizar la confidencialidad de las comunicaciones entre ciudadanos, empresas u otras instituciones y Administraciones públicas a través de las redes abiertas de comunicación.

→ Edicom Business Case, de:
<https://edicomgroup.es/contenidos/business-case>.

Testimonio de empresas que utilizan el sistema Edicom para la facturación electrónica.

→ FACe Empresas: *FACeB2B* , de: <https://faceb2b.gob.es/portal>.

Plataforma de remisión de facturas entre subcontratistas y contratistas de los contratos del Sector Público.

→ Factura2.com: *Facturas profesionales online* , de: <https://factura2.com/>.

Software de facturación electrónica.

→ Portal administración electrónica. PAE. Descargas, de:
<https://firmaelectronica.gob.es/Home/Descargas.html>.

Sitio oficial de descargas de aplicaciones de firma electrónica.

→ FACe. Proveedor de Servicios de Facturación, de: <https://se-proveedores-face.redsara.es/inicio>.

Sitio web de FACe (Punto General de Entrada de Facturas de la Administración General del Estado), plataforma de distribución de facturas electrónicas.

→ López, J. M.: *Soluciones online para firmar documentos digitales*, de:
<https://blogthinkbig.com/firmar-documentos-digitales>.

Artículo de Blogthinkbig para la firma de documentos digitales.

→ MiFacturae, de: <https://mifacturae.face.gob.es/#/publico>.

Sitio de la aplicación web para la creación de facturas electrónicas para la Administración pública.

→ FACe. Proveedor de Servicios de Facturación. Validar factura, de: <https://se-proveedores-face.redsara.es/proveedores/validar-factura>.

Sitio web que ofrece el servicio de validación de facturas electrónicas para la Administración pública.

→ VALIDe, de: <https://valide.redsara.es/valide/inicio.html>.

Sitio web que ofrece servicios de validación de firmas y certificados.

→ Acelera Pyme. La factura electrónica, nueva necesidad de las pymes, de:
<https://www.acelerapyme.es/recursos/monografico/la-factura-electronica-nueva-necesidad-de-las-pymes>.

Vídeo que expone la importancia de la factura electrónica en los últimos años y explica su adaptación a la Ley Crea y Crece.

→ SERES: *Solución de factura electrónica* , de: <https://www.groupseres.com/e-factura>.

> Sitio web de SERES, que ofrece software especializado en la facturación electrónica y sistemas EDI.

→ SERES: *Casos de éxito.* , de: <https://www.groupseres.com/casos-de-exito>.

> Testimonio de empresas que utilizan el sistema EDI para la facturación electrónica.

→ TPV Gratuito 123: CRM Facturación Pymes 123, de: <https://tpvgratuito.com/facturacion-pymes-y-autonomos.html>.

> Programa informático de facturación electrónica.

Legislación

→ Reglamento (UE) N.° 910/2014 del Parlamento Europeo y del Consejo, de 23 de Julio de 2014, relativo a la identificación electrónica y los servicios de confianza para las transacciones electrónicas en el mercado interior y por la que se deroga la Directiva 1999/93/CE.

→ Directiva 2014/55/UE del Parlamento Europeo y del Consejo, de 16 de abril de 2014, relativa a la facturación electrónica en la contratación pública. *Diario Oficial de la Unión Europea,* 6 de mayo de 2014.

→ Directiva 2010/45/UE del Consejo, de 13 de julio de 2010, por la que se modifica la Directiva 2006/112/CE relativa al sistema común del impuesto sobre el valor añadido, en lo que respecta a las normas de facturación.

→ Directiva 2001/115/CE del Consejo, de 20 de diciembre de 2001, por la que se modifica la Directiva 77/388/CEE con objeto de simplificar, modernizar y armonizar las condiciones impuestas a la facturación en relación con el impuesto sobre el valor añadido. *Boletín Oficial del Estado,* 17 de enero de 2002.

→ Directiva 2000/31/CE del Parlamento Europeo y del Consejo, de 8 de junio de 2000, relativa a determinados aspectos jurídicos de los servicios de la sociedad de la información, en particular al comercio electrónico en el mercado interior.

→ Directiva 1999/93/CE del Parlamento Europeo y del Consejo, de 13 diciembre de 1999, por la que se establece un marco comunitario para la firma electrónica.

→ Decisión de Ejecución (UE) 2017/1870 de la Comisión, de 16 de octubre de 2017, sobre la publicación de la referencia de la norma europea sobre facturación electrónica y la lista de sus sintaxis de conformidad con la Directiva 2014/55/UE.

→ Ley Orgánica 3/2018, de 5 de diciembre, de Protección de Datos Personales y garantía de los derechos digitales.

→ Ley 40/2015, de 1 de octubre, de Régimen Jurídico del Sector Público.

→ Ley 39/2015, de 1 de octubre, del Procedimiento Administrativo Común de las Administraciones Públicas.

→ Ley 25/2013, de 27 de diciembre, de impulso de la factura electrónica y creación del registro contable de facturas en el Sector Público.

→ Ley 56/2007, de 28 de diciembre, de Medidas de Impulso de la Sociedad de la Información. Boletín Oficial del Estado, 29 de diciembre de 2007, n.º 312.

→ Ley 6/2020, de 11 de noviembre, reguladora de determinados aspectos de los servicios electrónicos de confianza.

→ Ley 58/2003, de 17 de diciembre, General Tributaria. *Boletín Oficial del Estado,* 18 de diciembre de 2003.

→ Ley 34/2002, de 11 de julio, de servicios de la sociedad de la información y de comercio electrónico. *Boletín Oficial del Estado,* 12 de julio de 2002.

→ Real Decreto-ley 19/2018, de 23 de noviembre, de servicios de pago y otras medidas urgentes en materia financiera.

→ Real Decreto 1619/2012, de 30 de noviembre, por el que se aprueba el Reglamento por el que se regulan las obligaciones de facturación. Boletín Oficial del Estado, 1 de diciembre de 2012.

→ Resolución de 24 de octubre de 2007, de la Agencia Estatal de Administración Tributaria sobre procedimiento para la homologación de software de digitalización contemplado en la Orden EHA/962/2007, de 10 de abril de 2007.

→ Ley 11/2021, de 9 de julio, de medidas de prevención y lucha contra el fraude fiscal, de transposición de la Directiva (UE) 2016/1164, del Consejo, de 12 de julio de 2016, por la que se establecen normas contra las prácticas de elusión fiscal que inciden directamente en el funcionamiento del mercado interior, de modificación de diversas normas tributarias y en materia de regulación del juego..

→ Ley 18/2022, de 28 de septiembre, de creación y crecimiento de empresas.

→ Real Decreto 1007/2023, de 5 de diciembre, por el que se aprueba el Reglamento que establece los requisitos que deben adoptar los sistemas y programas informáticos o electrónicos que soporten los procesos de facturación de empresarios y profesionales, y la estandarización de formatos de los registros de Facturación.

→ Orden HAC/1177/2024, de 17 de octubre, por la que se desarrollan las especificaciones técnicas, funcionales y de contenido referidas en el Reglamento que establece los requisitos que deben adoptar los sistemas y programas informáticos o electrónicos que soporten los procesos de facturación de empresarios y profesionales, y la estandarización de formatos de los registros de facturación, aprobado por el Real Decreto 1007/2023, de 5 de diciembre; y en el Reglamento por el que se regulan las obligaciones de facturación, aprobado por Real Decreto 1619/2012, de 30 de noviembre.